# Gebühren-Tabellen

für das

## Preußische Gerichtskostengesetz

und die

## Gebührenordnung für Notare

in der vom 1. Oktober 1910 ab geltenden Fassung.

Von

**Gustav Ziehl,**

Amtsgerichtssekretär.

Berlin 1910.

J. Guttentag, Verlagsbuchhandlung,

G. m. b. H.

# Vorwort.

Die Gebührentabellen sind in der Absicht herausgegeben, ein übersichtliches, handliches und zuverlässiges Hilfsmittel für die Kostenberechnung zu schaffen. Die anzuwendenden Gebührenvorschriften sind inhaltlich in knapper Form wiedergegeben; kurze Hinweise und Bemerkungen sind vielfach hinzugefügt.

Die reichsgesetzlichen Gebührenvorschriften in Registersachen, die Katasterfortschreibungsgebühren und eine Reihe häufig zur Anwendung kommender Stempeltarifvorschriften sind mit aufgenommen.

Die Tabellen sind in der Regel bis 100 000 *M* vollständig durchgeführt; durch eine weitere Ausdehnung würden sie zu umfangreich werden und an Übersichtlichkeit einbüßen. Für höhere, nur selten vorkommende Werte lassen sich die Gebühren nach den angeführten Beispielen (Seite 47) leicht und sicher ermitteln.

Berlin, im September 1910.

**Der Verfasser.**

# Inhaltsverzeichnis.

Seite

## I. Preußisches Gerichtskostengesetz.


A. Pauschsatz, Schreibgebühren und sonstige Auslagen . . . . . . . . . . . 7

Porto S. 8; Kommissionsgebühren S. 9; Rechnungsgebühren S. 9.

B. Stempel . . . . . . . . . . . . . . . . . . . . . . . . . 9

C. Allgemeine Wertbestimmungen . . . . . . . . . . . . . . . . 11

D. Mindestbetrag, Abrundung . . . . . . . . . . . . . . . . . 14

E. Gerichtliche Urkunden . . . . . . . . . . . . . . . . . . 14

F. Grundbuchsachen . . . . . . . . . . . . . . . . . . . . 20

G. Registerführung . . . . . . . . . . . . . . . . . . . . 25

Landgüter- und Höferolle S. 25; Handelsregister S. 25; Vereinsregister S. 26; Güterrechtsregister S. 26; Schiffsregister S. 26; Register für Wassergenossenschaften und Vorrechtsregister S. 27; Personenstandsregister S. 27; Genossenschaftsregister S. 27; Musterregister S. 28.

H. Nachlaßsachen und Auseinandersetzungen . . . . . . . . . . . . 28

I. Tätigkeit des Vormundschaftsgerichts . . . . . . . . . . . . . 32

K. Fideikommisse, Stiftungen und Vermögensverwaltungen . . . . . . . 34

L. Sonstige Angelegenheiten . . . . . . . . . . . . . . . . . 35

M. Gemeinschaftliche Bestimmungen für die bisher behandelten Abschnitte . 36

N. Angelegenheiten der streitigen Gerichtsbarkeit . . . . . . . . . . 37

O. Zwangsversteigerung und Zwangsverwaltung von Gegenständen des unbeweglichen Vermögens. Zwangsliquidation einer Bahneinheit . . . 38


## II. Gebührenordnung für Notare.


A. Pauschsatz, Schreibgebühren und sonstige Auslagen . . . . . . . . . . 41

Postgebühren S. 41; Reisekosten S. 41; Zeugengebühren S. 42.

B. Wertberechnung . . . . . . . . . . . . . . . . . . . . . 42

C. Mindestbetrag, Abrundung . . . . . . . . . . . . . . . . . 42

D. Anwendbarkeit des Pr. GKG . . . . . . . . . . . . . . . . . 42

E. Besondere Gebührenbestimmungen . . . . . . . . . . . . . . . 42

Beurkundung am Krankenlager oder zur Nachtzeit S. 42; Vollstreckungsklausel S. 42; Entwürfe S. 42; Anträge und Beschwerden S. 43; Auseinandersetzung S. 43; vereitelter Termin S. 44: Aufsuchung einer Urkunde S. 44; Gelderhebung S. 44; zweiter Notar S. 44; Gutachten S. 44; Darlehnsvermittelung S. 44; Versteigerung und Verpachtung bei Übernahme der Haftung für die Kauf- und Pachtgelder S. 45; Vereinbarung der Vergütung S. 45.

## III. Tabellen.

Seite
Tabelle 1: **Gebührenreihe des § 33** . . . . . . . . . . . . . . . . 48
Tabelle 2: **Nach § 55 und 86 Abs. 5 um 1/4 erhöhte Gebühren** (Erklärung in fremder Sprache) . . . . . . . . . . . . . . . . . . . 50
Tabelle 3: **Versteigerung von beweglichen Sachen,** von Früchten auf dem Halme und von Holz auf dem Stamme sowie von Forderungen und sonstigen Vermögensrechten . . . . . . . . . . . . . . . . 52
Tabelle 4: **Aufnahme von Vermögensverzeichnissen,** Vornahme von Siegelungen und Entsiegelungen . . . . . . . . . . . . . . . . 54
Tabelle 5: **Wechselproteste** . . . . . . . . . . . . . . . . . . . . 55
Tabelle 6: **Die Gebührensätze des § 57 und die Gebühren nach den §§ 67 und 81 Abs. 2** . . . . . . . . . . . . . . . . . . . . . 56
Tabelle 7: **Handelsregistersachen** . . . . . . . . . . . . . . . . 60
Tabelle 8: **Gebührenreihe nach § 92 Nr. 1 (Vormundschaften usw.)** 62
Tabelle 9: **Gebührenreihe des § 123** . . . . . . . . . . . . . . . 64
Tabelle 10: **Fideikommisse, Stiftungen und Vermögensverwaltungen.** Jährliche Gebühr für Rechnungslegung nach § 96 Nr. 2 . . . . . . 66
Tabelle 11: **Erhebung und Auszahlung von Geldern in Angelegenheiten der nichtstreitigen Rechtspflege.** § 13 Geb.O.f.Not. . . . 67
Tabelle 12: Gegenwärtiger Kapitalwert einer Rente oder Nutzung im Werte von 1 *M* . . . . . . . . . . . . . . . . . . . . . . 68

## IV. Anhang.

A. Häufig zur Anwendung kommende Stempeltarifvorschriften . . . . . . 69
B. Katasterfortschreibungsgebühr . . . . . . . . . . . . . . . . . . . 74

I.

# Preußisches Gerichtskostengesetz.

Vom 25. Juli 1910 (GS. S. 184).

Gültig vom 1. Oktober 1910.

## A. Pauschsatz, Schreibgebühren und sonstige Auslagen.

**§ 114 Abs. 1.** Von jeder zum Ansatze gelangenden Gebühr ist ein Pauschsatz von

**10 %, mindestens 50 Pf. und höchstens 20 M**

(unter Abrundung der Pfennigbeträge auf 10 nach oben) zu berechnen.

Aus dem Abhängigkeitsverhältnisse des Pauschsatzes zu der Gebühr sowie daraus, daß der Pauschsatz von einer jeden Gebühr ohne Rücksicht auf die dem Fiskus erwachsenen „Auslagen" zu erheben ist, muß (trotz der Stellung des § 114 im Auslagenabschnitt des Gesetzes) gefolgert werden, daß der Pauschsatz die Eigenschaft einer Gebühr hat; es ist dies auch ferner daraus zu schließen, daß er in der erschöpfenden Aufzählung der Auslagen im § 112 nicht enthalten ist. Hiernach ist, wenn eine Gebühr anzurechnen ist, auch der Pauschsatz anzurechnen.

Bei Beurkundungen ist die Erteilung je einer Ausfertigung oder Abschrift für jede beteiligte Partei (d. h. aber nicht für jeden Beteiligten) in dem Pauschsatz eingeschlossen. Von mehreren Ausfertigungen ist nur die erste stempelfrei; die weiteren sind stempelpflichtig, auch wenn sie unter den Pauschsatz fallen.

**§ 114 Abs. 2.** Für die von Amts wegen bewirkten Zustellungen werden nur diejenigen baren Auslagen erhoben, welche durch die Zustellung im Ausland oder bei öffentlicher Zustellung durch Bekanntmachung in öffentlichen Blättern entstehen.

**§ 112 Abs. 1.** An **Auslagen** werden erhoben:

1. die Schreibgebühren, und zwar
   a) soweit in den Fällen der persönlichen oder sachlichen Gebührenfreiheit Auslagen erhoben werden, für Ausfertigungen und Abschriften aller Art;
   b) für solche Ausfertigungen und Abschriften, die nur auf besonderen Antrag erteilt werden oder die anzufertigen sind, weil zu den Akten gegebene Urkunden, von denen eine Abschrift zurückbehalten werden muß, von den Beteiligten ohne Überreichung einer Abschrift zurückgefordert werden;
      eine etwaige Beglaubigung der zurückbehaltenen Abschrift ist gebühren- und stempelfrei (§ 112 Abs. 2);
   c) in dem im Gesetze besonders bestimmten Fällen;

2. die Telegraphengebühren und die im Fernverkehre zu entrichtenden Fernsprechgebühren (wegen des Portos siehe nachstehend);
3. die durch Einrückung einer Bekanntmachung in öffentliche Blätter entstehenden Kosten;
4. die an Zeugen und Sachverständige zu zahlenden Gebühren;
5. die bei Geschäften außerhalb der Gerichtsstelle den Gerichtsbeamten zustehenden Tagegelder, Reisekosten und Kommissionsgebühren (§ 116);
6. die an andere Behörden oder Beamte oder an Rechtsanwälte für deren Tätigkeit zu zahlenden Beträge, insbesondere auch die an Dorf-, Feld- oder Ortsgerichte zu zahlenden Beträge;
7. die Rechnungsgebühren;
8. die Kosten eines Transports von Personen oder Sachen;
9. die Haftkosten.

**§ 113 Abs. 1.** Die Schreibgebühr beträgt für die Seite von mindestens zwanzig Zeilen von durchschnittl. zwölf Silben 20 Pf., auch bei Herstellung auf mechanischem Wege. Jede angefangene Seite wird als voll berechnet. Für Schriftstücke in fremder Sprache oder in tabellarischer Form, für Verzeichnisse, Listen, Rechnungen, Handzeichnungen und dergl. kann die Höhe der Schreibgebühr durch den Justizminister anderweit bestimmt werden. Die auf die besondere Ausstattung einer Urkunde verwendeten Auslagen, insbes. durch Verwendung von Pergamentpapier, sind besonders zu erstatten.

Das im Satze 3 bezeichnete Schreibwerk wird nach dem schätzungsweise für die Herstellung erforderlichen Zeitaufwande in Seiten umgewandelt; eine Stunde Arbeitszeit gilt für 5 Seiten und jede angefangene 1/5-Stunde für 1 Seite Schreibwerk. Vgl. Allgem. Verf. v. 17. 8. 10 (JMBl. S. 325).

---

**Porto,** auch Eingangsporto, kann nicht mehr erhoben werden, da es an der erforderlichen Gesetzesbestimmung jetzt fehlt.

Ist der Absender zur Frankierung verpflichtet, so ist das Porto durch die Post (Rückgabe des Briefumschlags) von ihm einzuziehen.

Die im Rahmen einer gebührenpflichtigen Tätigkeit zur ordnungsmäßigen Erledigung eines Geschäfts erforderlichen Sendungen des Gerichts an die Partei fallen unter den Pauschsatz und können daher auch nicht als „Portopflichtige Dienstsache" abgelassen werden.

Auch diejenigen Postgebühren fallen unter den Pauschsatz, welche in Erledigung gebührenpflichtiger Geschäfte dadurch entstehen, daß das Gericht mit Dritten (z. B. Waisenräten, anderen Gerichten oder sonstigen Behörden) in Verbindung treten muß, auch wenn es sich um verauslagtes Porto handelt.

Siehe Komissionsbericht d. Abg.H. Seite 60 und Allgem. Verf. v. 18. 8. 10 (JMBl. S. 326).

---

**§ 116. Kommissionsgebühren.**

Dem Richter steht eine Entschädigung von 6 *M*, dem Gerichtsschreiber eine solche von 4 *M* zu, wenn die Partei die Errichtung eines Testaments oder eines Erbvertrags außerhalb der Gerichtsstelle beantragt und die Gerichtspersonen Tagegelder und Reisekosten nicht beziehen; fällig bei Antritt des Weges.

**§ 117. Rechnungsgebühren**

betragen 1 *M* bis 2,50 *M* für die Stunde (Abrundung der Stundenzahl in der Summe nach oben).

An Rechnungsgebühren sind festzusetzen bei einem Werte des Gegenstandes

| | | | |
|---|---|---|---|
| bis 500 *M* einschl. | . . . . . . | 1,00 *M* | für die Stunde. |
| „ 2 000 „ „ | . . . . . . | 1,50 „ | |
| „ 10 000 „ „ | . . . . . . | 2,00 „ | |
| von mehr als 10 000 „ „ | . . . . . . | 2,50 „ | |

Vgl. Allgem. Verf. v. 16. 9. 95 u. 17. 8. 10 (JMBl. 1895 S. 273 u. 1910 S. 325).

**§ 117 Abs. 2.** In **Vormundschaftssachen** werden Rechnungsgebühren für die Prüfung eingereichter Rechnungen oder Vermögensübersichten nur erhoben, wenn

der in der Rechnung nachgewiesene Betrag der Einnahme die Summe von 300 *M*

oder

wenn die Vermögensübersicht einen Vermögensbestand nach Abzug der Schulden von mehr als 15 000 *M*

ergibt.

Siehe auch § 95 Abs. 2 bei einem reinen Mündelvermögen von nicht mehr als 1 000 *M*.

## B. Stempel.

**§ 29 Abs. 1.** Stempel, d. h. Landesstempel, sind neben den Gebühren nur insoweit zu erheben, als es im Pr.GKG. ausdrücklich angeordnet ist.

**§ 29 Abs. 2.** Geht der Inhalt einer Urkunde über den Gegenstand des nach dem Pr.GKG. gebührenpflichtigen Verfahrens hinaus, so ist insoweit das Stempelsteuergesetz anzuwenden.

**§ 30 Abs. 1.** Die Stempel werden wie Gerichtsgebühren eingezogen und behandelt; jedoch finden die Vorschriften des Pr.GKG. über Zahlungspflicht, sachliche und persönliche Befreiung, Nachforderung und Verjährung, Zulässigkeit der Zwangsversteigerung, Wertberechnung auf Stempel keine Anwendung, sondern die Vorschriften des LStG. Über Beschwerden gegen den Stempelansatz wird im Aufsichtsweg entschieden; die Zulässigkeit des Rechtswegs bleibt unberührt.

**§ 30 Abs. 2.** Stempel, welche nach dem LStG. zu stunden sind, werden durch die Zollverwaltung eingezogen.

**§ 31 Abs. 1.** Auch wenn Urkunden nicht vor Gericht errichtet sind, wird, wenn sie unversteuert oder nicht genügend versteuert vorgelegt werden, in folgenden Fällen der Stempel zu den Gerichtskosten berechnet:

1. zu Urkunden, welche zur Ausschließung des Auflassungsstempels oder des für die Eintragung, Abtretung oder Verpfändung einer Hypothek oder Grundschuld zu entrichtenden Wertstempels vorgelegt werden;
2. zu den zum Gebrauche bei Gericht bestimmten Vollmachten, amtlichen Zeugnissen, Schätzungen und Vermögensverzeichnissen;
3. zu Anträgen auf Eintragung eines Nießbrauchs an unbeweglichen Sachen;
4. zu Verfügungen von Todes wegen, welche zur amtlichen Verwahrung überreicht oder durch Übergabe einer Schrift errichtet werden;
5. zu Urkunden, welche zur gerichtlichen Vollziehung, Anerkennung des Inhalts, Sicherstellung der Zeit der Ausstellung, Genehmigung oder Bestätigung überreicht werden;
6. zu Urkunden, welche zur Anerkennung oder Beglaubigung einer Unterschrift oder eines Handzeichens vorgelegt werden, falls die Beteiligten genehmigen, daß das Gericht von dem Inhalte der Urkunde Kenntnis nimmt;
7. im Falle der TSt. 25a Abs. 5 und b Abs. 2 Nr. 3 LStG., wenn eine im Ausland errichtete Gesellschaft ihren Sitz im Inlande nimmt oder im Inland eine Zweigniederlassung errichtet oder ihr Grund- oder Stammkapital erhöht;
8. zu Satzungen, welche zu einem gerichtlichen Register überreicht werden, falls der Feststempel von 5 ℳ nach TSt. 25b Nr. 2 oder e Nr. 2 zu erheben ist.

**§ 56.** Neben den Gebühren des zweiten Abschnittes des Gesetzes (Gerichtliche Urkunden) ist stets der nach dem LStG. vorgeschriebene Stempel zu erheben. Der auf dem Geschäfte ruhende Stempel wird für die Urschrift erhoben; die erste Ausfertigung ist stempelfrei; wegen der weiteren Ausfertigungen siehe unter § 113 Abs. 2 nachstehend.

**§ 70.** Neben den Gebühren des dritten Abschnittes des Gesetzes (Grundbuchsachen) ist lediglich der für Auflassungen und Eintragungsanträge bestimmte Stempel zu erheben.

Auf Kuxscheine finden jetzt die Tarifnummern 1 und 4 und §§ 4 und 24 des Reichsstempelgesetzes v. 15. 7. 09 (RGBl. S. 852) Anwendung.

**§ 97.** Neben den Gebühren nach § 96 (Fideikommisse, Stiftungen und Vermögensverwaltungen) werden für die Beurkundung einzelner Handlungen der freiwilligen Gerichtsbarkeit die dafür bestimmten Gebühren und Stempel besonders in Ansatz gebracht.

**§ 109 Abs. 2.** Der tarifmäßige Stempel wird erhoben für Bescheinigungen oder beglaubigte Abschriften aus gerichtlichen Registern, soweit für sie eine Gebühr nicht bestimmt ist.

**§ 113 Abs. 2.** Für Ausfertigungen oder beglaubigte Abschriften stempelpflichtiger Urkunden ist der tarifmäßige Stempel zu erheben und zwar auch dann, wenn der nach dem LStG. zu der Urkunde selbst erforderliche Stempel auf Grund des Pr.GKG. außer Ansatz geblieben ist.

Danach ergibt sich folgendes:

1. ist die Urkunde nach dem LStG. stempelfrei, so sind auch Ausfertigungen und beglaubigte Abschriften von ihr stempelfrei; TSt. 10 kann beim Gericht und beim Notar keine Anwendung finden;
2. ist die Urkunde nach dem LStG. stempelpflichtig,
   so ist bei Ausfertigungen die erste Ausfertigung von ihr stempelfrei (§ 56), weitere Ausfertigungen erfordern den Stempel nach TSt. 16: Duplikate (Nebenausfertigungen); der Stempel beträgt 3 *M*, jedoch nicht mehr als der Stempel zu der Urkunde selbst;
   bei beglaubigten Abschriften ist, falls für die Beglaubigung nicht die Gebühr nach § 52 Abs. 1 zu erheben ist, stets der Stempel nach TSt. 1, 77 = 3 *M* anzusetzen; neben der Gebühr des § 52 Abs. 1 kommt ein Stempel nicht zum Ansatz.

Beglaubigung der zu den Akten zurückbehaltenen Abschriften von überreichten und zurückgeforderten Urkunden ist stempelfrei (§ 112 Abs. 2).

**§ 126 Abs. 2, § 135.** Neben der Gebühr für den Zuschlagsbeschluß ist der erforderliche Stempel (TSt. 32) zu erheben.

---

Im übrigen wird auf die „Allgemeine Verfügung des Justizministers und des Finanzministers über gerichtliche Landesstempelsachen vom 28. Juli 1910" (JMBl. S. 299) und auf die „Ausführungsbestimmungen des Finanzministers zum Stempelsteuergesetze" verwiesen.

## Reichsstempel.

Die Erhebung eines Reichsstempels liegt den Gerichten und Notaren bei Grundstücksübertragungen nach Tarifnummer 11 und den §§ 78 bis 90 RStG. v. 15. 7. 09 (RGBl. S. 852) ob. Vgl. die Ausführungsbestimmungen: Allgem. Verf. d. Fin.Min. und d. Just.Min. und Allgem. Verf. d. Just.Min. v. 27. 7. 09 (JMBl. S. 272 u. 290).

Eine Zusammenstellung von häufig zur Anwendung kommenden Stempeltarifvorschriften mit Tabellen und Beispielen zur Stempelberechnung befindet sich Seite 69.

# C. Allgemeine Wertbestimmungen.

§ 19. (1) Für die Gebührenberechnung ist der Wert des Gegenstandes maßgebend, auf den sich das Geschäft bezieht. Betrifft das Geschäft ein Recht an einer Sache, so ist der Wert dieses Rechtes maßgebend.

(2) Ist neben den Gebühren für die Eintragung des Eigentümers im Grundbuche der Auflassungsstempel zu erheben, so ist die zur Berechnung der Stempelabgabe getroffene Wertfestsetzung auch bei dem Ansatze der Gerichtskosten maßgebend.

(3) In allen übrigen Fällen wird der Wert des Gegenstandes des Geschäfts vom Gerichte nach freiem Ermessen unter Berücksichtigung der nachfolgenden Vorschriften festgesetzt.

**§ 20.** (1) Für die Wertberechnung ist der Zeitpunkt der Fälligkeit der Gebühren entscheidend.

(2) Maßgebend für den in Ansatz zu bringenden Wert ist nur der Hauptgegenstand des Geschäfts. Früchte, Nutzungen, Zinsen, Schäden, Vertragsstrafen und Kosten werden nur berücksichtigt, wenn sie für sich den Gegenstand eines besonderen Geschäfts bilden.

**§ 21.** (Nr.) **1.** Bei der Berechnung des Wertes einer Sache ist nur der gemeine Wert derselben in Betracht zu ziehen; handelt es sich um einen Verkauf derselben, so ist als Wert der Betrag des vereinbarten Kaufpreises mit Hinzufügung des Wertes der vorbehaltenen Nutzungen und ausbedungenen Leistungen in Ansatz zu bringen.

(Nr.) **2.** Der Wert des Besitzes einer Sache ist in der Regel dem Werte der Sache gleich zu achten.

(Nr.) **3.** Der Wert eines Pfandrechts oder der Sicherstellung einer Forderung richtet sich nach dem Betrage der Forderung; hat der Gegenstand des Pfandrechts einen geringeren Wert, so ist dieser maßgebend, soweit nicht die besonderen Vorschriften für Eintragungen im Grundbuche (§ 66) entgegenstehen. Bei Vorrangseinräumungen, einschließlich der Einräumung gleichen Ranges, richtet sich der Wert nach dem Betrage der vortretenden Post und, wenn der Betrag der zurücktretenden Post der geringere ist, nach diesem. Als Vorrangseinräumung gilt im Sinne des Pr.GKG. auch die im § 1179 BGB. bezeichnete Vormerkung (zur Sicherung des Anspruchs auf Löschung) zugunsten eines nachstehenden Gläubigers. Der Wert bestimmt sich nach dem höheren der beiden nach den Vorschriften dieser Nummer in Betracht kommenden Beträge, sofern dies für den Kostenschuldner nach den Vorschriften des § 41 günstiger ist.

(Nr.) **4.** Der Wert einer Grunddienstbarkeit wird durch den Wert, welchen dieselbe für das herrschende Grundstück hat, und wenn der Betrag, um welchen sich der Wert des dienenden Grundstücks durch die Dienstbarkeit mindert, größer ist, durch diesen Betrag bestimmt.

(Nr.) **5.** Der Wert des Rechtes auf wiederkehrende Nutzungen oder Leistungen wird nach den Vorschriften des § 6 Abs. 8 bis 12 LStG.*) berechnet. Steht der Zeitpunkt des Anfalls nicht fest, so tritt an dessen Stelle der Zeitpunkt der Begründung des Bezugsrechts. Der Wert des dem unehelichen Kinde gegen seinen Vater zustehenden Rechtes auf Unterhalt wird nach dem Betrage des einjährigen Bezuges berechnet; ist der Betrag der Bezüge der einzelnen Jahre verschieden, so kommt der höchste Betrag zum Ansatz.

(Nr.) **6.** Der Wert eines Miet- oder Pachtrechts bestimmt sich nach dem zusammenzurechnenden Werte aller Leistungen des Mieters oder Pächters während der ganzen Vertragszeit. Bei länger als 25 Jahre dauernden Miet- oder Pachtverhältnissen ist der 25fache Betrag der einjährigen Leistung maßgebend. Bei unbestimmter

---

*) **§ 6 Abs. 8 bis 12 LStG.**

(8) Der einjährige Wert von Nutzungen wird, wenn nicht aus der Urkunde ein höherer oder niederer Prozentsatz hervorgeht oder sonst festgestellt werden kann, zu vier vom Hundert des Wertes des Gegenstandes, welcher die Nutzung gewährt, angenommen.

(9) Bei immerwährenden Nutzungen und Leistungen ist das fünfundzwanzigfache ihres einjährigen Betrages, bei Nutzungen und Leistungen von unbestimmter Dauer, sofern nicht die Vorschriften in den beiden nächstfolgenden Absätzen Anwendung finden oder anderweite, die längste Dauer begrenzende Umstände in

Dauer des Vertrags erfolgt die Berechnung bei ländlichen Grundstücken unter Zugrundelegung dreier Jahre, in allen anderen Fällen unter Zugrundelegung eines Jahres; kann jedoch bei Verträgen, deren Dauer von einer Kündigung abhängt, die Auflösung des Vertragsverhältnisses erst zu einem späteren Zeitpunkte geschehen, so ist dieser Zeitpunkt maßgebend.

(Nr.) 7. Der Wert der einem Fideikommiß- oder Lehnsfolger anfallenden Rechte ist nach den Bestimmungen unter Nr. 5 Satz 1 und 2 zu berechnen.

(Nr.) 8. Bei Kurs habenden Wertpapieren ist der Tageskurs als Wert anzusehen. Die Umrechnung der in anderer als Reichswährung angegebenen Summen erfolgt nach den für die Erhebung des Wechselstempels vom Bundesrate festgesetzten Mittelwerten *) und, insoweit solche nicht bestimmt worden sind, nach dem laufenden Kurse.

§ 22. Werden Pachtverträge, welche auf länger als drei Jahre geschlossen sind, vor Ablauf der vertragsmäßigen Zeit aufgelöst, so ist der Justizminister ermächtigt, die Rückzahlung der für die Beurkundung des Pachtvertrags entrichteten Gebühren insoweit anzuordnen, als dieselben denjenigen Gebührensatz übersteigen, welcher bei Verabredung der wirklichen Vertragsdauer anzusetzen gewesen wäre.

---

der Urkunde angegeben sind, das zwölfeinhalbfache des einjährigen Betrages als Wert anzusehen.

(10) Der Wert von Nutzungen oder Leistungen auf Lebenszeit bestimmt sich nach dem zur Zeit ihres Anfanges erreichten Lebensalter der Person, bei deren Tode die Nutzung oder Leistung erlischt, und wird bei einem Lebensalter derselben

| | | | | | | | | | |
|---|---|---|---|---|---|---|---|---|---|
| von | 15 | Jahren | oder | weniger | auf | das | | 18 | fache |
| über | 15 | Jahre | bis | zu | 25 | Jahren | auf das | 17 | fache |
| „ | 25 | „ | „ | „ | 35 | „ | „ „ | 16 | „ |
| „ | 35 | „ | „ | „ | 45 | „ | „ „ | 14 | „ |
| „ | 45 | „ | „ | „ | 55 | „ | „ „ | 12 | „ |
| „ | 55 | „ | „ | „ | 65 | „ | „ „ | 8½ | „ |
| „ | 65 | „ | „ | „ | 75 | „ | „ „ | 5 | „ |
| „ | 75 | „ | „ | „ | 80 | „ | „ „ | 3 | „ |
| „ | 80 | „ | auf das | . . . . . . | | | | 2 | „ |

des Wertes der einjährigen Nutzung oder Leistung angenommen.

(11) Ist die Dauer der Nutzungen oder Leistungen von der Lebenszeit mehrerer Personen dergestalt abhängig, daß beim Tode der zuerst versterbenden die Nutzung oder Leistung erlischt, so ist für die nach den Bestimmungen im vorigen Absatze vorzunehmende Wertermittelung das Lebensalter der ältesten Person maßgebend. Wenn die Nutzung oder Leistung bis zum Tode der letztversterbenden Person fortdauert, erfolgt die Berechnung nach dem Lebensalter der jüngsten Person.

(12) Der Gesamtwert der auf bestimmte Zeit eingeschränkten Nutzungen oder Leistungen ist unter Zugrundelegung eines vierprozentigen Zinsfußes nach der **Tabelle 12** zu ermitteln. Ist jedoch die Dauer der Nutzung oder Leistung noch außerdem durch die Lebenszeit einer oder mehrerer Personen bedingt, so darf der nach den Bestimmungen der beiden vorhergehenden Absätze zu berechnende Wert nicht überschritten werden.

*) Nach der Bekanntmachung des Reichskanzlers vom 26. 7. 1909 (ZtrlBl. S. 402) sind nachstehende Mittelwerte festgesetzt:

| | | | | | |
|---|---|---|---|---|---|
| 1 Pfund Sterling . . . . . . . | = | 20,40 M | 1 Rubel } 1 alter Kreditrubel } . . . . . | = | 2,16 M |
| 1 Frank, Lira, Peseta (Gold), Lëu, finnische Mark . . . . | = | 0,80 „ | 1 türkischer Piaster . . . . . . | = | 0,18 „ |
| 1 österreichischer Gulden (Gold) | = | 2,00 „ | 1 Peso (Gold) . . . . . . . . . | = | 4,00 „ |
| 1 österreichischer Gulden (Währung) . . . . . . . . . | = | 1,70 „ | 1 Dollar . . . . . . . . . . . | = | 4,20 „ |
| | | | 1 alter japanischer Goldyen . | = | 4,20 „ |
| 1 österreichisch-ungarische Krone | = | 0,85 „ | 1 japanischer Yen . . . . . . . | = | 2,10 „ |
| 1 Gulden holländischer Währung | = | 1,70 „ | 1 deutsch-ostafrikanische oder indische Rupie . . . . . . . | = | 1,35 „ |
| 1 skandinavische Krone . . . . . | = | 1,125 „ | | | |
| 1 alter Goldrubel . . . . . . . | = | 3,20 „ | 1 mexikanischer Golddollar . . | = | 2,10 „ |

§ 23. (1) Bei nicht vermögensrechtlichen Angelegenheiten wird der Wert des Gegenstandes zu 3 000 *M*, ausnahmsweise höher oder niedriger, jedoch nicht über 100000 *M* und nicht unter 200 *M* angenommen.

(2) In Ermangelung genügender tatsächlicher Anhaltspunkte für eine anderweite Wertschätzung sind die Vorschriften des Abs. 1 auch in anderen Fällen entsprechend anzuwenden.

(3) Ist mit einer nicht vermögensrechtlichen Angelegenheit eine mit ihr zusammenhängende vermögensrechtliche verbunden, so ist nur ein Wert, und zwar der höhere, maßgebend.

## D. Mindestgebühr, Abrundung.

§ 32. Die Mindestgebühr beträgt 50 Pf., soweit nicht ein anderer Mindestbetrag bestimmt ist; Pfennigbeträge einer Gebühr werden auf 10 nach oben abgerundet.

## E. Gerichtliche Urkunden.

Tab. 1. § 33.

§ 34. Beurkundung einseitiger Erklärungen und einseitiger Verträge . . . . . . . . . . . . . . . . . . . . . . . . . . 10/10

§ 35. Beurkundung zweiseitiger Verträge . . . . . . . . 20/10

Eheverträge gelten stets als zweiseitige Verträge; Mindestgebühr bei diesen 10 *M* nach § 40 Abs. 6; ist ein Ehevertrag mit einem Erbvertrage verbunden, so ist § 41 anzuwenden (§ 44 Abs. 5).

§ 36 Abs. 1. Beurkundung des Antrags zu einem zweiseitigen Vertrage . . . . . . . . . . . . . . . . . . . . . . . . . . 15/10

§ 36 Abs 2. Beurkundung der Annahme eines Vertragsantrags . . . . . . . . . . . . . . . . . . . . . . . . . . . . . . 5/10

§ 37. Beurkundung von Ergänzungen und Abänderungen einer beurkundeten Erklärung . . . . . . . . . . . . . . . . . 10/10

§ 38 Nr. 1. Beurkundung der Zustimmung einzelner Teilnehmer zu einer bereits beurkundeten Erklärung . . . . . . . 5/10

Wert: Anteil der Teilnehmer (§ 40 Abs. 3).

§ 38 Nr. 2. Beurkundung von Vollmachten . . . . . . . . 5/10

Wert: § 40 Abs. 4, Auflassungsvollmachten siehe § 39 Nr. 3.

§ 38 Nr. 3. Beurkundung der Wiederaufhebung eines von keiner Seite erfüllten Vertrags . . . . . . . . . . . . . . 5/10

§ 39 Nr. 1. Beurkundung von Anträgen oder Bewilligungen auf Eintragungen oder Löschungen im Grundbuch oder im Schiffsregister oder von Zustimmungserklärungen (§ 27 GBO., § 105 FGG.), sofern nicht gleichzeitig das zu Grunde liegende Rechtsgeschäft beurkundet wird 4/10

§ 39 Nr. 2. Beurkundung einer Auflassung, sofern nicht gleichzeitig das zu Grunde liegende Rechtsgeschäft beurkundet wird oder nach § 58 Gebührenfreiheit eintritt . . . . . . . . . . . . . . . . . . . . . . . . . 4/10

Die Gebühr kommt bei Grundstücken im Geltungsbereiche des Rheinischen Rechtes nur für die Notare und sonst nur bei außerpreußischen Grundstücken in Frage.

§ 39 Nr. 3. Beurkundung von Vollmachten zur Auflassung . . . . . . . . . . . . . . . . . . . . . . . . . . . . . Tab. 1. § 33. 4/10

Wert: § 40 Abs. 4; gebührenfrei nach § 41, wenn die Beurkundung zusammen mit dem zu Grunde liegenden Rechtsgeschäft erfolgt; in diesem Falle auch stempelfrei nach § 31 GBO., wenn die Beurkundung vor einem Notar erfolgt und die Vollmacht zur Auflassung vor dem Grundbuchamte ermächtigt.

## § 40. Wertbestimmungen.

(1) Bei der Berechnung der Gebühren ist der Wert des Rechtsverhältnisses maßgebend, dessen Begründung, Übertragung, Feststellung oder Aufhebung den Gegenstand des Rechtsgeschäfts bildet. Bei Verträgen, welche den Austausch von Leistungen zum Gegenstande haben, kommt nur der Wert der Leistungen des einen Teils und, wenn der Wert der beiderseitigen Leistungen ein verschiedener ist, der höhere in Betracht.

(2) Handelt es sich um Änderungen eines Rechtsverhältnisses, so ist die Bestimmung des § 23 mit der Einschränkung anwendbar, daß der Wert des von der Änderung betroffenen Rechtsverhältnisses nicht überschritten werden darf. Hat die Änderung einen bestimmten Geldwert, so ist dieser maßgebend.

(3) Bei zustimmenden Erklärungen einzelner Teilnehmer (§ 38 Nr. 1) kommt nur deren Anteil in Betracht.

(4) Der Wert einer Generalvollmacht ist unter entsprechender Anwendung des § 23 zu bestimmen. Bei Vollmachten zum Abschluß eines bestimmten Rechtsgeschäfts ist der für dieses maßgebende Wert in Ansatz zu bringen, jedoch ist der Wert höchstens auf 100 000 ℳ anzunehmen und bei der von einem Teilnehmer ausgestellten Vollmacht nur dessen Anteil maßgebend.

(5) Auf Anmeldungen zum Handelsregister oder zu ähnlichen Registern findet, sofern ein bestimmter Geldwert nicht erhellt, die Vorschrift des § 23 entsprechende Anwendung. Die Gebühr beträgt in keinem Falle mehr als 300 ℳ, gleichviel ob ein bestimmter Geldwert erhellt oder nicht. (Vgl. jedoch § 76, Seite 25).

(6) Der Wert eines Ehevertrags bemißt sich nach dem Werte des gegenwärtigen Vermögens der Ehegatten unter Abzug der Schulden. Betrifft der Ehevertrag nur bestimmte Gegenstände, so ist deren Wert maßgebend. Die Gebühr beträgt mindestens 10 ℳ.

## § 41. Mehrere Erklärungen.

(1) Werden in einer Verhandlung mehrere Erklärungen beurkundet, so wird, wenn sie denselben Gegenstand haben, der Wert nur einmal zum Ansatz gebracht, wenn sie verschiedene Gegenstände betreffen, der Wert zusammengerechnet.

(2) Unterliegen sämtliche Erklärungen demselben Gebührensatze, so wird dieser von dem nach Abs. 1 berechneten Werte nur einmal erhoben.

(3) Kommen verschiedene Gebührensätze zur Anwendung, so wird, wenn nach Abs. 1 der Wert nur einmal zum Ansatz gelangt, nur der höchste Gebührensatz berechnet; wird nach Abs. 1 der Wert zusammengerechnet, so ist die niedrigste Gebühr von dem Gesamtwerte zu berechnen und in der Weise zu erhöhen, daß nach dem Werte derjenigen Erklärungen, die einen höheren Gebührensatz erfordern, der Unterschied zwischen diesem Gebührensatz und dem nächst niedrigeren Satze zugesetzt wird.

§ 41 Abs. 4. Mitbeurkundung von Erklärungen dritter Personen:

a) Bürgschaft oder sonstige Sicherstellung einer für die den Gegenstand der Verhandlung bildende Schuld oder

Tab. 1. § 33.

b) Vorrangseinräumung für das den Gegenstand der Verhandlung bildende Recht . . . . . . . . . . . . . . . . 3/10

Wert: Erklärung des Dritten. Die Gebühr ist eine besondere Gebühr und unabhängig von den sonst für die Verhandlung anzusetzenden Gebühren.

c) für sonstige Erklärungen dritter Personen wird neben den nach § 41 Abs. 1 bis 3 berechneten Gebühren eine besondere Gebühr nicht erhoben.

**§ 42.** Anerkennung des Inhalts (Verlautbarung) einer schriftlich abgefaßten Erklärung einschl. der Beurkundung ergänzender oder abändernder Erklärungen: wie Beurkundung der Erklärung selbst, jedoch nicht mehr als 10/10

**§ 43.** Beglaubigung von Unterschriften oder Handzeichen 2/10

Werden an einem Tage die Unterschriften (Handzeichen) von mehr als vier Personen unter einer Urkunde beglaubigt, so erhöht sich die Gebühr auf . . . . . . . . . . . . . . . . . . . . . . . . . . . . . . . . 3/10

Für Beglaubigung von Anträgen zum Reichs- und zum Staatsschuldbuche sind bei einem Werte bis 2 000 *M* nicht mehr als 1,50 *M* und darüber hinaus nicht mehr als 3 *M* zu erheben; für Beglaubigung von Unterschriften der Gesuche um Auszahlung von mehr als 3000 *M* hinterlegten Geldern durch die Post werden höchstens 3 *M* erhoben. Diese Beglaubigungen sind stempelfrei. Zur Bestimmung der Gebühr ist die Gebühr des § 43 unter Hinzurechnung ihres Pauschsatzes mit den festen Sätzen von 1,50 *M* und 3 *M* zu vergleichen. Zu den festen Sätzen kann ein Pauschsatz nicht berechnet werden.

Vgl. § 25 Abs. 3 u. 4 RSchuldb.Ges. (RGBl. 1910 S. 840), § 25 Abs. 3 StSchuldb.Ges. (GS. 1910 S. 55), § 35 Abs. 2 Hinterl.O. (GS. 1879 S. 249) und Art. II Ges. v. 22. 5. 1910 (GS. S. 47, JMBl. 1910 S. 286).

**§ 44 Abs. 1 S. 1.** Errichtung eines Erbvertrags vor einem Richter, falls er mündlich zu Protokoll erklärt oder der Entwurf vom Richter angefertigt wird . . . . . . . . . . . . . . . . . 20/10

**§ 44 Abs. 1 S. 2.** Errichtung einer Verfügung von Todes wegen in allen anderen Fällen . . . . . . . . . . . . 10/10

**§ 44 Abs. 2.** Amtliche Verwahrung einer Verfügung von Todes wegen . . . . . . . . . . . . . . . . . . . . . . . . . . 2/10

(Erhebung bei der Annahme).

**§ 44 Abs. 3.** Eröffnung einer Verfügung von Todes wegen 5/10

Erteilung beglaubigter Abschriften von eröffneten Verfügungen von Todes wegen ist gebührenfrei; Stempel 3 *M* nach TSt. 77 LStG. auf Grund des § 113 Abs. 2 Pr.GKG.

**§ 44 Abs. 4.** Rückgabe einer Verfügung von Todes wegen, Widerruf einer letztwilligen Verfügung, Aufhebung eines Erbvertrags 5/10

Die Gebühr fällt fort, wenn zum Ersatze der zurückgegebenen Verfügung von Todes wegen eine neue in amtliche Verwahrung gegeben ist oder gleichzeitig gegeben wird.

§ 45. Errichtung von Familienfideikommissen, Familienstiftungen und Familienschlüssen . . . . . . . . . . . . . . . . Tab. 1. § 33. 20/10

Genehmigung siehe § 100, Beaufsichtigung § 96.

§ 46. Freiwillige Versteigerung zum Verkauf oder zur Verpachtung von Grundstücken oder anderen Gegenständen, welche der Zwangsvollstreckung in das unbewegliche Vermögen unterliegen:

**Abs. 1 Nr. 1:** für die Vorbereitung der Versteigerung . . 5/10

auch für die gerichtliche Verfügung, durch welche die Versteigerung einer Ortsbehörde aufgetragen wird; Art. 112 Pr.FGG. (§ 46 Abs. 2).

**Abs. 1 Nr. 2:** für die Aufnahme einer gerichtlichen Schätzung 5/10

**Abs. 1 Nr. 3:** für die Abhaltung eines jeden Versteigerungstermins . . . . . . . . . . . . . . . . . . . . . . . . 10/10

Gilt als abgehalten, wenn zur Abgabe von Geboten aufgefordert ist (§ 46 Abs. 3).

Wert: Gesamtwert der in dem betr. Termine ausgebotenen Gegenstände (Abs. 5).

**Abs. 1 Nr. 4:** für die Beurkundung des Zuschlags . . . . 10/10

Vom Ersteher nach dem zusammengerechneten Betrage seiner Gebote zu erheben (§ 46 Abs. 4 u. 6).

Zu Nr. 1, 2 u. 3: Die Gebühren werden, falls mehrere Grundstücke usw. in demselben Verfahren versteigert werden, nach dem Gesamtwerte berechnet (§ 46 Abs. 4).

Für die Sicherung des Erlöses (z. B. Stellung eines Bürgen), für die Abtretung der Steigpreise, für die Erklärung, für einen Dritten geboten zu haben, und für den Beitritt des Dritten zu dieser Erklärung werden Gebühren nicht erhoben, wenn die Beurkundung dieser Rechtshandlungen im Versteigerungsprotokoll oder in einer besonderen Urkunde erfolgt, die auf Grund eines in den Versteigerungsbedingungen enthaltenen Vorbehalts aufgenommen wird (§ 46 Abs. 7).

§ 47. Versteigerung beweglicher Sachen, von Früchten auf dem Halme und von Holz auf dem Stamme sowie von Forderungen und sonstigen Vermögensrechten. Tab. 3.

Die Gebühren ergeben sich aus der Tabelle 3.

§ 48 Abs. 1. Beurkundung des Herganges bei Verlosungen, bei Auslosung oder Vernichtung von Wertpapieren und bei Wahlversammlungen, für die Beurkundung der Beschlüsse der Generalversammlungen, Aufsichtsräte oder sonstigen Organe von Aktiengesellschaften oder anderen Vereinigungen . . . . . . . . . . . Tab. 1. § 33 20/10 höchstens 500 *M*.

Soweit ein bestimmter Geldwert nicht erhellt, ist der Wert des Gegenstandes zu 20 000 *M*, ausnahmsweise niedriger oder höher, jedoch nicht unter 1000 *M* und nicht über 1 000 000 *M* anzunehmen, auch dann, wenn gleichzeitig mehrere Beschlüsse beurkundet werden. Treffen Beschlüsse, deren Wert zu schätzen ist, und solche, deren bestimmter Geldwert erhellt, zusammen, so ist der

Geldwert dem geschätzten Werte hinzuzurechnen. Bei Auslosung und Vernichtung in einer Verhandlung nur einmalige Gebühr (§ 48 Abs. 2 u. 3). Tab. 1. § 33.

§ 49 Nr. 1. Bescheinigungen über Tatsachen oder Verhältnisse, welche urkundlich nachgewiesen oder offenkundig sind . . . . . 10/10

Stempel 3 ℳ nach TSt. 77 LStG. § 56 Pr.GKG.

§ 49 Nr. 2. Abnahme von Eiden und eidesstattlichen Versicherungen (siehe Anmerkung), Vernehmung von Zeugen und Sachverständigen, soweit diese Geschäfte nicht einen Teil eines anderen Verfahrens bilden, . . . . . . . . . . . . . . . . . . . . . . . . . 10/10

Anmerkung. Für die eidesstattlichen Versicherungen in Erbscheinssachen steht den Notaren die volle Gebühr des § 33 nach § 49 Nr. 2 zu, auch für den Beitritt eines einzelnen Erben zu einer bereits von anderen abgegebenen Versicherung (nach seinem Anteil am Nachlaß); die Gerichte dagegen haben unter Berücksichtigung des § 81 Abs. 2 zu berechnen, wenn es zur Erteilung eines Erbscheins kommt.

§ 49 Nr. 3. Mitwirkung bei Abmarkungen . . . . . . . 10/10

§ 49 Nr. 4. Aufnahme von Verklarungen, Protesten und ähnlichen Urkunden . . . . . . . . . . . . . . . . . . . . 10/10

Wechsel- und Scheckproteste vgl. § 51.

§ 49 Nr. 5. Aufnahme von Schätzungen . . . . . . . . . 10/10

§ 50. Aufnahme eines Vermögensverzeichnisses, Vornahme von Siegelungen oder Entsiegelungen. Tab. 4.

Die Gebühren ergeben sich aus der Tabelle 4.

§ 51. Für die **Aufnahme von Wechselprotesten** (Scheckprotesten) einschließlich einer etwaigen Interventionserklärung werden die Gebühren nach der Tabelle 5 erhoben. Dieselben Gebühren sind zu entrichten, wenn ohne Aufnahme des Protestes die Zahlung an den Protestbeamten erfolgt. Tab. 5

Die Gebühren des **§ 13 NotGO.** (Gelderhebung) werden auf die Gebühr des Notars nach § 51 Abs. 1 S. 2 (Zahlung an ihn ohne Protestaufnahme) angerechnet.

Die Wegegebühr wird neben der Protestgebühr für jeden Weg besonders erhoben; auf die Wegegebühr (unter Hinzurechnung des Pauschsatzes) sind etwaige Tagegelder und Reisekosten anzurechnen (§ 51 Abs. 3).

Der Mindestbetrag der Wegegebühr beträgt auch für den Notar 1 ℳ (nicht 1,50 ℳ); vgl. Kommissionsber. d. H. d. Abg. S. 4.

Protestgebühr und Wegegebühr sind zwei selbständige Gebühren; von jeder ist der Pauschsatz besonders zu erheben. Tab. 1. § 33.

§ 52 Abs. 1. Beglaubigung von Abschriften . . . . . . 2/10 höchstens 10 ℳ

Neben der Gebühr wird ein Stempel nicht erhoben.

Wird die Abschrift vom Gerichte hergestellt, so sind hierfür Schreibgebühren nach § 113 Abs. 1 zu berechnen; der Pauschsatz deckt nur den Beglaubigungsvermerk. Tab. 1. § 33.

Die Beglaubigung der zu den Akten zurückbehaltenen Abschriften von überreichten und zurückgeforderten Urkunden ist gebühren- und stempelfrei (§ 112 Abs. 2).

Gebührenfrei ist die Erteilung von vollständigen oder auszugsweisen Ausfertigungen oder beglaubigten Abschriften von Urkunden, welche das Gericht selbst aufgenommen hat, oder von den in Verwahrung des Gerichts befindlichen Urkunden der Auditeure, Notare und Schiedsmänner.

Wegen des Stempels siehe Seite 11.

Beglaubigte Abschriften eines Grundbuchblattes siehe § 67 Nr. 2 Seite 24, beglaubigte Abschriften aus dem Handelsregister siehe § 75 Abs. 1 Seite 60.

§ 52 **Abs.** 2. Sicherstellung der Zeit der Ausstellung einer Privaturkunde . . . . . . . . . . . . . . . . . . . . . . . . . 3/10

**§ 53.** Zusatzgebühr bei Rechtshandlungen außerhalb der Gerichtsstelle: 5/10 § 33, mindestens 1 *M* und höchstens 10 *M*; fällig bei Antritt des Weges.

Auch beim Notar Mindestsatz 1 *M* (nicht 1,50 *M*).

Erstreckt sich das Geschäft auf mehrere Kalendertage, so wird die Zusatzgebühr für jeden Tag, an welchem das Gericht außerhalb der Gerichtsstelle tätig war, besonders erhoben; die Gebührenstufe für die Zusatzgebühr wird in diesem Falle durch eine Teilung des Wertes des Gegenstandes nach der Zahl der Tage ermittelt. Beziehen die Gerichtspersonen Tagegelder und Reisekosten oder Kommissionsgebühren (§ 116), so wird deren Betrag auf die Zusatzgebühr (einschl. Pauschsatz) angerechnet.

Eine Zusatzgebühr kommt nicht zur Erhebung bei Versteigerungen von beweglichen Sachen (§ 47), bei Aufnahme von Vermögensverzeichnissen und Vornahme von Siegelungen und Entsiegelungen (§ 50) und bei Aufnahme von Wechselprotesten (§ 51).

Die Zusatzgebühr ist eine selbständige Gebühr, von welcher der Pauschsatz besonders zu erheben ist.

§ 54. Unterbleibt die beantragte Beurkundung einer Erklärung nach Verhandlung mit den Beteiligten, so werden 5/10 der für die Beurkundung bestimmten Gebühr, höchstens 20 *M* erhoben.

**§ 55. Erklärung in fremder Sprache.** Tab. 2.

Die Gebühren für die Beurkundung eines Rechtsgeschäfts

werden um 1/4 erhöht, wenn sich ein Beteiligter in fremder Sprache erklärt. Tab. 2.

Die erhöhten Gebühren ergeben sich aus der Tabelle 2. Der Pauschsatz ist von der erhöhten Gebühr zu erheben, da sie eine einheitliche Gebühr bildet.

§ 56. Erhebung von Stempeln neben den Gebühren siehe Seite 10.

## F. Grundbuchsachen.

**Katasterfortschreibungsgebühren siehe S. 74.** Tab. 6.

§ 58 Nr. 1. Eintragung des Eigentümers, einschl. der Entgegennahme der Auflassungserklärung und der vorkommenden Nebengeschäfte 10/10 A

auch für einen Eigentumserwerb unter Ausscheiden des Grundstücks aus dem Grundbuche nach § 90 GBO. (§ 58 Nr. 4).

§ 58 Nr. 2. Eintragung des Eigentums von Abkömmlingen des bisherigen Eigentümers, einschl. der Nebengeschäfte 5/10 A

Im Falle der Erbfolge oder einer Erbauseinandersetzung macht es keinen Unterschied, ob die Erben inzwischen im Grundbuch eingetragen waren oder nicht.

§ 58 Nr. 2. Nachträgliche Eintragung des Miteigentums eines Ehegatten oder von Kindern an Grundstücken, welche zur ehelichen Gütergemeinschaft oder zur fortgesetzten Gütergemeinschaft gehören . . . . . . . . . . . . . . . . . . 5/10 A

§ 58 Nr. 2. Umschreibung der Grundstücke, welche einem Ehegatten oder seinen Erben bei der Auseinandersetzung einer aufgelösten Gütergemeinschaft überwiesen oder welche einem Ehegatten nach Auflösung der Gütergemeinschaft kraft Gesetzes zugefallen sind . . . . . . . . . . . . . . . . . . . . . . . 5/10 A

**(§ 132 Abs. 2).** Wert bei der Eintragung des Erstehers als Eigentümers nach § 127 Abs. 1 u. 2.

**(§ 55 Abs. 2).** Erklärt sich ein Beteiligter bei der Auflassung, die ein gebührenfreies Nebengeschäft bildet, in fremder Sprache, so erhöht sich die Eintragungsgebühr nach § 58 Nr. 1 u. 2 um 1/4. Die Gebühren ergeben sich aus der Tabelle 2.

**§ 58 Nr. 3.** Werden auf Grund der Nummern 1 und 2 Gebühren nebeneinander erhoben, so wird zunächst die volle Gebühr von dem Gesamtwerte berechnet; von der so berechneten Gebühr wird der Anteil der Personen, deren Eintragung als Eigentümer nach Nr. 2 nur 5/10 A erfordert, nur zur Hälfte erhoben.

**§ 58 Nr. 5.** Erfolgt die Eintragung eines Eigentümers auf Grund eines gleichzeitig gestellten Antrags bei mehreren Grundstücken im Bezirke desselben Amtsgerichts, so werden die Gebühren des § 58 Nr. 1 bis 4 nach dem Gesamtwerte der Grundstücke berechnet.

**§ 58 Nr. 6.** Hinsichtlich der im Geltungsbereiche des Rheinischen Rechtes belegenen Grundstücke ist — Tab. 6.

1. die Entgegennahme der Auflassungserklärung auch dann gebührenfrei, wenn sie vor einem anderen Gericht erfolgt,
2. die an einen Notar für die Beurkundung einer Auflassung gezahlte Gebühr einschl. Pauschsatz für den Fall in Abzug zu bringen, daß eine notarielle Beurkundung des Vertrags nicht stattgefunden hat. Hat ein Notar die nach § 55 erhöhte Gebühr für die Beurkundung einer Auflassung (§ 39 Nr. 2) erhoben, so kann zweifellos nur die einfache Gebühr (nebst Pauschsatz) angerechnet werden.

**§ 59 Nr. 1.** Eintragung der Belastung des Grundstücks mit einem Rechte, einschl. der Nebengeschäfte . . . . . . . . . . . . . . $^{10}/_{10}$ B

**Nr. 2.** Bei Belastung mit verschiedenen Rechten wird die Gebühr für die Eintragung eines jeden Rechts besonders erhoben.

**Nr. 3.** (1) Werden mehrere Grundstücke mit einem und demselben Rechte belastet, so wird nur eine Gebühr nach dem Werte des Rechts erhoben, wenn

a) die Eintragung auf Grund eines gleichzeitig gestellten Antrags erfolgt,

b) die mehreren Grundstücke einem Eigentümer oder denselben Miteigentümern gehören,

c) die Grundstücke in demselben Amtsgerichtsbezirke belegen sind.

(2) Die Eintragung des Gesamtbetrages der Hypothek, Grundschuld oder Rentenschuld im Falle des § 51 GBO. (für Teilschuldverschreibungen) gilt als Eintragung nur eines Rechtes.

(3) Grundstücke, welche Eheleuten oder dem überlebenden Ehegatten und den Abkömmlingen des Verstorbenen gehören, gelten als Grundstücke eines Eigentümers.

(4) Trifft eine der unter a, b und c angegebenen Voraussetzungen nicht zu, so wird die Gebühr der Nr. 1 für die erste Eintragung nach dem Werte des Rechtes erhoben; für jede folgende Eintragung werden nur $^{5}/_{10}$ B erhoben und zwar nach dem Werte des Rechtes oder des Grundstücks, je nachdem der eine oder der andere der geringere ist.

**Nr. 4.** Als Belastungen des Grundstücks gelten auch das Recht des Nacherben, die Lehns- und Fideikommißeigenschaft, ein bedingtes Recht auf Eigentumserwerb sowie die Zugehörigkeit zu einer Wassergenossenschaft, einer Bahneinheit oder einer sonstigen mit Beschränkungen des Eigentümers verbundenen Vermögensmasse und die nach § 1010 BGB. eingetragenen Bestimmungen oder Ansprüche.

**§ 60 Nr. 1.** Eintragung von Veränderungen aller Art, mit Einschluß der Verfügungsbeschränkungen, nach dem Werte der Veränderungen . . . . . . . . . . . . . . . . . . . . . . . . . . . . . . . . . . $^{5}/_{10}$ B

**Nr. 2.** Betreffen die Veränderungen verschiedene Rechte, so werden die Gebühren für jedes Recht besonders erhoben (auch bei nur einem Vermerke).

**Nr. 3.** Beziehen sich mehrere Veränderungen auf ein und dasselbe Recht, so wird die Gebühr nach dem zusammengerechneten

Werte der Veränderungen erhoben, wenn die Eintragung auf Grund eines gleichzeitig gestellten Antrags erfolgt (Eintragung durch einen oder mehrere Vermerke gleichgültig); Wert § 66 Abs. 2. Tab. 6.

Nr. 4. Vorrangseinräumungen gelten als Veränderungen des zurücktretenden Rechtes.

Nr. 5. Für jedes bei der Eintragung von Veränderungen beteiligte Amtsgericht werden die Gebühren besonders erhoben.

§ 61 Abs. 1. Für die Eintragung von Vormerkungen und Widersprüchen werden erhoben:

1. zur Sicherung der Eintragung einer Veränderung oder einer Löschung die gleichen Gebühren wie für die Eintragung der Veränderung oder der Löschung selbst;
2. im übrigen 5/10 derjenigen Gebühr, welche für die endgültige Eintragung zu erheben sein würde.

| | | |
|---|---|---|
| Also im Falle des | § 58 Nr. 1: Eintragung des Eigentums . . . . | 5/10 A, |
| „ „ „ | § 58 Nr. 2: desgl. bei Abkömmlingen . . . . . | 5/20 A, |
| „ „ „ | § 59: Eintragung der Belastung . . . . . . . . | 5/10 B, |
| „ „ „ | § 60: Eintragung von Veränderungen . . . . . | 5/10 B, |
| „ „ der | §§ 64, 59: Löschung von Belastungen . . . . . | 5/10 B, |
| „ „ „ | §§ 64, 60: Löschung von Veränderungen . . . . | 5/20 B. |

§ 61 Abs. 2. Wird ein Antrag zurückgewiesen, nachdem nach § 18 GBO. eine Vormerkung oder ein Widerspruch ins Grundbuch eingetragen war, so wird nur die Gebühr für diese Eintragung erhoben.

§ 62. Eintragungen zwecks Zurückführung des Grundbuchs auf die Steuerbücher und zwecks Erhaltung der Übereinstimmung zwischen dem Grundbuch und den Steuerbüchern sind kostenfrei.

Eintragung eines Widerspruchs von Amtswegen nach einer unrichtig erfolgten Eintragung sowie Löschung einer unzulässigen Eintragung (§ 54 GBO.) sind gebührenfrei.

§ 63. Sonstige Eintragungen, soweit sie nicht unter §§ 58 bis 62 fallen . . . . . . . . . . . . . . . . . . . . . . . . 3/10 B

Insbesondere für

- Vermerke über Teilung von Grundstücken oder Übertragung auf ein anderes Blatt ohne Veränderung des Eigentümers;
- Vereinigung oder Zuschreibung als Bestandteil ohne Veränderung des Eigentümers;
- nachträgliche Eintragung des Schätzungswerts, der Feuerversicherungssumme, des Erwerbsgrundes oder des Erwerbspreises;
- Eintragung des Verzichts auf das Eigentum am Grundstücke;
- Eintragung der nachträglichen Ausschließung der Erteilung eines Briefes oder der Aufhebung dieser Ausschließung;
- Anlegung eines Blattes für ein noch nicht in das Grundbuch eingetragenes oder aus dem Grundbuch ausgeschiedenes Grundstück;

Ausscheiden eines Grundstücks aus dem Grundbuche, falls nicht gleichzeitig eine Eigentumsveränderung eingetragen wird; Tab. 6.

Vermerk von Rechten, welche dem jeweiligen Eigentümer zustehen.

Wert nach § 23 Abs. 1.

**§ 64.** Für jede Löschung, einschl. der dabei vorkommenden Nebengeschäfte, werden 5/10 der für die Eintragungen bestimmten Sätze erhoben.

Also für die Löschung der Eintragung

1. einer Belastung nach § 59 . . . . . . . . . . . . . . . . . . . . 5/10 B
2. einer Veränderung nach § 60 . . . . . . . . . . . . . . . . . . . 5/20 B
3. einer Vormerkung oder eines Widerspruchs
   a) im Falle des § 58 Nr. 1: Eintragung des Eigentums . . 5/20 A
   b) „ „ „ § 58 Nr. 2: desgl. bei Abkömmlingen . . . . 5/40 A
   c) „ „ „ § 59: Eintragung der Belastung . . . . . . 5/20 B
   d) „ „ „ § 60: „ von Veränderungen . . . . 5/20 B
   e) „ „ der §§ 64, 59: Löschung einer Belastung . . . . . 5/20 B
   f) „ „ „ §§ 64, 60: „ „ Veränderung . . . 5/40 B.

**§ 65.** Eintragung

des Eintritts in die Mithaft . . . . . . . . . . . . . 5/10 B

der Entlassung aus der Mithaft . . . . . . . . . . . 5/20 B

Wert, entweder der des Grundstücks oder der des Rechtes, und zwar der geringere.

**§ 66 Abs. 1.** Der Wert einer Hypothek oder Grundschuld ist gleich dem Betrage der Forderung oder der Grundschuld, bei Rentenschulden gleich dem Betrage der Ablösungssumme.

**§ 66 Abs. 2.** Der Wert einer Veränderung wird nach § 23 Abs. 1 festgestellt, wenn ein bestimmter Geldwert nicht erhellt; auch bei mehreren Veränderungen darf bei Berechnung einer einheitlichen Gebühr der Wert des von der Änderung betroffenen Rechtes nicht überschritten werden.

**§ 67 Nr. 1.** Erteilung eines Hypothekenbriefs, Grundschuld- oder Rentenschuldbriefs sowie Erteilung eines Teilbriefs 4/10 § 33

Erteilung eines neuen Briefes, d. h. an Stelle eines bereits früher erteilten (einschl. des Grundbuchvermerks), Ergänzung des Auszugs aus dem Grundbuch auf einem Briefe . . . . . . . . . . 2/10 § 33

Wert:

bei einem Gesamtbriefe findet § 59 Nr. 3 Anwendung;

bei einem gemeinschaftlichen Briefe werden die einzelnen Hypotheken (Grundschulden) zusammengerechnet; kommen die 4/10- und die 2/10-Gebühr nebeneinander in Frage, so ist § 41 Abs. 3 entsprechend anzuwenden;

bei einem Teilbriefe kommt nur der Teilbetrag, über welchen er lautet, in Betracht.

**§ 67 Nr. 2. Beglaubigte Abschriften des Grundbuchblattes** — Tab. 6.

a) vollständige . . . . . . . . . . . . . . . . . . . . . 3/10 § 33

b) auszugsweise . . . . . . . . . . . . . . . . . . . . 2/10 § 33

Bei mehreren, gleichzeitig beantragten, beglaubigten Abschriften

a) verschiedener Grundbuchblätter desselben Eigentümers ist die Gebühr nach dem Gesamtwerte der Grundstücke zu berechnen; § 59 Nr. 3 Abs. 3 findet Anwendung;

b) desselben Grundbuchblattes ist die Gebühr nach dem mit der Zahl der Abschriften vervielfältigten Werte des Grundstücks zu erheben.

**§ 67 Nr. 3. Bescheinigungen des Grundbuchrichters über den Inhalt des Grundbuchs** . . . . . . . . . . . . . . . . 2/10 § 33

**§ 67 Nr. 3. Vermerke auf Hypotheken= ꝛc. Briefen,** soweit sie nicht ein gebührenfreies Nebengeschäft bilden, insbesondere Vermerke über pfandfreie Abschreibungen . . . . . . . . . . . . . . . . . . . . 2/10 § 33

**§ 67 Nr. 4. Einsicht** des Grundbuchs gebührenfrei.

**§ 68 Abs. 1. Auf Bergwerke und andere Berechtigungen,** für welche die sich auf Grundstücke beziehenden Vorschriften gelten, sind die Gebührenvorschriften für Grundstücke entsprechend anzuwenden.

**§ 68 Abs. 1.** Für die anderweite, durch die Konsolidation mehrerer Bergwerke, welche bis dahin verschiedenen Eigentümern (Gewerkschaften) gehörten, veranlaßte Eintragung eines Eigentümers werden erhoben . . . . . . . . . . . . 5/10 A

**§ 68 Abs. 2.** Für die Eintragung eines Bergwerks mit unbeweglichen Anteilen der Gewerken in Ausführung eines gemäß § 235a des Allgem. Berggeſ. gefaßten Beschlusses auf den Namen der Gewerkschaft einschl. des vorläufigen Vermerkes des Beschlusses im Grundbuche, der Anlegung des Gewerkenbuchs und der Ausfertigung und Aufbewahrnng der Kuxscheine, werden erhoben . . . . . . . . . . . . . . . . . . . . . . . . . . . . . . . 10/10 A

**§ 68 Abs. 2.** Für die Umschreibung eines Kuxes in dem vom Gerichte geführten Gewerkenbuch auf einen neuen Erwerber, einschl. der dabei vorkommenden Nebengeschäfte, werden erhoben . . . . . . . . . . . . . . . . 10/10 B

**§ 68 Abs. 2.** Für die Eintragung von Veränderungen bei den auf Kuxscheinen eingetragenen Pfandrechten sowie für Löschungen werden dieselben Gebühren erhoben wie für Eintragung von Veränderungen und Löschungen im Grundbuche.

**§ 69 Abs. 1. Auf die Bahngrundbücher** sind die hinsichtlich der Grundbücher bestehenden Gebührenbestimmungen entsprechend anzuwenden.

**§ 69 Abs. 1.** Anlegung sowie Schließung des Bahngrundbuchs . . . . . 3/10 B

" " Vermerk des Erlöschens der Genehmigung, einschl. der öffentlichen Bekanntmachung des Vermerks . . . . . . . . . . . . . . . . . 5/10 B

**§ 69 Abs. 1.** Die Eintragung des in Folge einer Veräußerung der Bahn eingetretenen Eigentumswechsels in dem über ein Bahngrundstück geführten gerichtlichen Buche erfolgt gebührenfrei.

**§ 70. Stempel** werden neben den im dritten Abschnitte des Gesetzes (Grundbuchsachen) bestimmten Gebühren nur für Auflassungen und Eintragungsanträge erhoben. Wegen der Kuxscheine siehe S. 10.

# G. Registerführung.

**§ 71. Landgüter- und Höferolle.**

Eintragungen oder Löschungen auf Antrag . . . . . . . 3 *M*

Zuschreibungen oder Löschungen von Amts wegen, Vermerk der Nummer und sonstige Vermerke von Amts wegen im Grundbuche sowie die Einsicht sind gebührenfrei.

## Handelsregister.

§§ 72, 74, 75. Die Gebühren für Eintragungen und Löschungen, soweit nicht das Register der Zweigniederlassung in Frage kommt, sowie die Gebühren für Bescheinigungen, beglaubigte Abschriften (Auszüge) ergeben sich aus der Tabelle 7 und ihren Anmerkungen. Tab. 7.

**§ 73 Abs. 1.** Für Eintragungen und Löschungen im Register der Zweigniederlassung gilt folgendes:

a) bei Einzelfirmen sowie bei offenen Handelsgesellschaften, Kommanditgesellschaften und juristischen Personen werden die gleichen Sätze erhoben wie bei einer Hauptniederlassung;

b) bei Aktiengesellschaften, Kommanditgesellschaften auf Aktien und Gesellschaften mit beschränkter Haftung werden erhoben, wenn die Gesellschaft ihren Sitz hat

aa) außerhalb des Deutschen Reichs, dieselben Sätze wie für eine Hauptniederlassung,

bb) innerhalb des Deutschen Reichs, lediglich die für eine Hauptniederlassung bestimmten Mindestsätze.

Wert zu a und b: Es ist die Einschätzung der Zweigniederlassung zur Gewerbesteuer zu Grunde zu legen; ist ihre besondere Einschätzung nicht erfolgt, so geschieht ihre Einreihung in eine der Gewerbesteuerklassen nach Ermessen des Gerichts.

**§ 73 Abs. 2.** Der Vermerk im Register der Hauptniederlassung über Eintragung oder Aufhebung einer Zweigniederlassung ist gebührenfrei.

**§ 75 Abs. 3.** Auf Erteilung beglaubigter Abschriften der zum Handelsregister eingereichten Schriftstücke ist § 52 Abs. 1 anzuwenden; Seite 18.

§ 76. Gebühren kommen nicht zum Ansatze:

1. für die Beurkundung einer zur Eintragung in das Handelsregister bestimmten Anmeldung vor dem Registergerichte;
2. für die Aufnahme einer Verhandlung über die Zeichnung einer Firma oder Unterschrift vor dem Registergerichte;

   Zu Nr. 1 und 2: Im anderen Falle sind die im zweiten Abschn. d. Ges. bestimmten Gebühren (§ 34 bei Beurkundung, § 43 bei Beglaubigung, in Verbindung mit § 40 Abs. 5) zu erheben.
3. für die Gestattung der Einsicht des Handelsregisters und der eingereichten Zeichnungen der Firmen und Unterschriften;

4. für die Eintragung der Konkurseröffnung, der Aufhebung des Eröffnungsbeschlusses sowie der Einstellung und Aufhebung des Konkurses;
5. für eine nach den §§ 142 bis 144 FGG. von Amts wegen erfolgende Löschung; wird der Widerspruch eines Beteiligten zurückgewiesen, so hat er für die Zurückweisung die für die Löschung bestimmte Gebühr zu entrichten;
6. für das Löschungsverfahren nach § 141 FGG., falls die Löschung infolge erhobenen Widerspruchs unterbleibt.

## Vereinsregister.

Wert nach § 23 Abs. 1. **Tab. 6.**

**§ 77 Abs. 1b.** Für die erste Eintragung des Vereins . . . . 20/10 B

**§ 77 Abs. 1c.** Für die Eintragungen, welche sich auf Mitglieder des Vorstandes oder Liquidatoren beziehen . . . . . . . . . 5/10 B

**§ 77 Abs. 1c.** Für die Löschung des Vereins . . . . . . . . 5/10 B

**§ 77 Abs. 1a.** Für alle sonstigen Eintragungen . . . . . . . 10/10 B

**§ 77 Abs. 2.** Bei mehreren gleichzeitigen Eintragungen auf Grund derselben Anmeldung wird nur die höchste der Einzelgebühren erhoben.

**§ 77 Abs. 2.** Bescheinigungen, beglaubigte Abschriften oder Auszüge aus dem Vereinsregister (erstmalige) . . . . . . . . 1/10 B mindestens 1,50 M

**§ 77 Abs. 2.** Wiederholte Bescheinigungen usw. und sogen. Negativatteste . . . . . . . . . . . . . . . . . . . . . . . . 1,50 M

**§ 77 Abs. 2.** Anmeldungen vor dem Registergerichte gebührenfrei, sonst wie beim Handelsregister (§ 76).

## Güterrechtsregister.

**§ 78 Abs. 1.** Für die Eintragungen . . . . . . . . . . . . 10/10 A

Wert wie im § 40 Abs. 6 bei Eheverträgen.

**§ 78 Abs. 2.** Bescheinigungen und beglaubigte Abschriften (Auszüge) aus dem Güterrechtsregister . . . . . . . . . . . . . . 1/10 A mindestens 1,50 M

**§ 78 Abs. 2.** Wiederholte Bescheinigungen usw. und sogen. Negativatteste . . . . . . . . . . . . . . . . . . . . . . . . 1,50 M

**§ 78 Abs. 2.** Anmeldungen vor dem Registergerichte gebührenfrei, sonst wie beim Handelsregister (§ 76).

## Schiffsregister.

**§ 79 Abs. 1 Nr. 1.** Für die Eintragung des Schiffes 5/10 A

**§ 79 Abs. 1 Nr. 2.** Für die Eintragung von Veränderungen (siehe jedoch Nr. 3) . . . . . . . . . . . . . . . . . . . . . 5/10 B

§ 79 **Abs. 1 Nr. 3.** Für die Eintragung der Verpfändung eines Schiffes, für die Einschreibung der ein eingetragenes Pfandrecht betreffenden Veränderungen oder Löschungen werden 5/10 der für die entsprechenden Eintragungen im Grundbuche bestimmten Sätze erhoben. Tab. 6.

§ 79 **Abs. 2.** Die Löschung eines Schiffes im Schiffsregister ist gebührenfrei.

§ 79 **Abs. 3.** Erteilung eines Schiffszertifikats oder eines Schiffsbriefs . . . . . . . . . . . . . . . . . . . . . . . . . . 4/10 § 33

§ 79 **Abs. 3.** Vermerke von Veränderungen auf dem Schiffszertifikat oder dem Schiffsbriefe . . . . . . . . . . . . . . . . . . 2/10 § 33

§ 79 **Abs. 4.** Einsicht des Schiffsregisters ist gebührenfrei.

## Register für Wassergenossenschaften und Vorrechtsregister.

§ 80 **Abs. 1.** Die Geschäfte sind gebührenfrei; es sind nur Schreibgebühren und bare Auslagen zu erheben.

## Personenstandsregister.

§§ 14, 16 Reichsges. v. 6. 2. 1875 nebst Gebührentarif (RGBl. 1875 S. 23).

1. Vorlegung der Register zur Einsicht, für jeden Jahrgang . . 0,50 M
   für mehrere Jahrgänge zusammen höchstens . . . . . . . . 1,50 M
2. Auszug (begl.) aus den Registern . . . . . . . . . . . . . . 0,50 M
   Falls sich der Auszug auf mehrere Eintragungen bezieht und das Nachschlagen von mehr als einem Jahrgange der Register erforderlich ist, für jeden weiteren nachzuschlagenden Jahrgang noch . . . . . . . . . . . . . . . . . . . . . . . 0,50 M
   jedoch zusammen höchstens . . . . . . . . . . . . . . . . . 2,00 M.

**§ 80 Abs. 2.** Vorstehende Bestimmungen finden nach § 80 Abs. 2 Pr.GKG. Anwendung auf die nach Maßgabe landesgesetzlicher Vorschriften geführten und bei den Gerichten aufbewahrten Standesregister (für Juden und Dissidenten) oder Kirchenbücher.

Pauschsatz oder Schreibgebühren sind neben den Gebühren nicht zu erheben.

Die Führung der Standesregister und die darauf bezüglichen Verhandlungen, namentlich auch die gerichtlichen Anordnungen über die Berichtigung von Eintragungen, sind kosten- und stempelfrei.

## Genossenschaftsregister.

Reichsges. v. 1. 5. 1889 (RGBl. 1898 S. 810).

Die Eintragungen in das Genossenschaftsregister und in die Liste der Genossen und die Vormerkungen in den letzteren sowie die Entscheidungen erster Instanz über Anträge auf Eintragung oder Vormerkungen sind gebührenfrei.

Auf Beschwerden finden die §§ 45, 46 D.GKG. Anwendung.

Bescheinigungen und beglaubigte Abschriften (Auszüge) aus dem Genossenschaftsregister sind gebührenfrei; Stempel 3 M nach TSt. 77 LStG.

Erfolgt die Beurkundung oder Beglaubigung von Anmeldungen und Zeichnungen nicht vor dem Registergerichte, sondern vor einem anderen Gericht oder vor einem Notar, so sind die Gebühren nach § 34 oder nach § 43 in Verbindung mit § 40 Abs. 5 Pr.GKG. zu erheben.

Schreibgebühren sind lediglich für auf Antrag erteilte Ausfertigungen und Abschriften zu erheben; Porto kann nicht in Rechnung gestellt werden.

### Musterregister.

Reichsges. v. 11. 1. 1876 (RGBl. S. 11).

Eintragung und Niederlegung eines einzelnen Musters oder eines Pakets mit Mustern mit einer Schutzfrist von nicht länger als 3 Jahren (§ 12 Abs. 2) . . . . . . . . . . . . . . . . . . 1 *M* für jedes Jahr

Bei einer längeren Schutzfrist ist für jedes einzelne Muster oder Modell (nicht für ein Paket!)

bis zum 10. Jahre einschl. eine Gebühr von 2 *M* } für jedes
von 11 bis 15 Jahren " " " 3 *M* } Jahr

zu erheben (§ 12 Abs. 3).

Eintragungsschein oder ein sonstiger Auszug aus dem Musterregister (§ 12 Abs. 3) . . . . . . . . . . . . . . . . . . . . . . 1 *M*

Alle Eingaben, Verhandlungen, Atteste, Beglaubigungen, Zeugnisse, Auszüge sind stempelfrei.

An Auslagen sind nur die Kosten der Bekanntmachung im Reichsanzeiger einschl. des der Verwaltung des Reichsanzeigers entstehenden Portos zu erheben (§ 9 Abs. 6.).

## H. Nachlaßsachen und Auseinandersetzungen.

**§ 81 Abs. 1.** Erteilung eines Erbscheins, einschl. des vorangegangenen Verfahrens . . . . . . . . . . . . . . . . . . . . . . . . . Tab. 6. 10/10 B

Anrechnung der Hälfte, wenn das Verfahren mit einem Verfahren zur Sicherung des Nachlasses (§ 83) oder einem Erbteilungsverfahren (§ 86) verbunden wird.

Einem Erbschein steht gebührenrechtlich eine nach bisherigem Rechte zu erteilende Erbbescheinigung oder ein sonstiges Zeugnis gleich (§ 142 Abs. 2).

**§ 81 Abs. 2.** Eidesstattliche Versicherungen im Erbscheinsverfahren

Tabelle 6 Sp. 20 { bei einem Werte bis einschl. 160 000 *M* . . . 4/10 B
bei einem höheren Werte . . . . . . . . . . . 10/10 § 33

Beitritt einzelner Erben zu einer bereits von anderen abgegebenen eidesstattlichen Versicherung erfordert dieselbe Gebühr, jedoch nach dem Anteil der Beitretenden am Nachlaß.

Kommt es nicht zur Erteilung eines Erbscheins, so ist für die eidesstattlichen Versicherungen stets die Gebühr nach § 49 Nr. 2 (10/10 § 33) anzusetzen (vgl. Ziffer 2 d. Allg. Verf. v. 17. 8. 10, JMBl. S. 325). Tab. 6.

§ 81 Abs. 3. Einziehung oder Kraftloserklärung eines Erbscheins, falls nicht ein neuer Erbschein erteilt ist . . . . . . . . . . 3/10 B

Anrechnung auf die Gebühr für einen späteren neuen Erbschein. Ermittelung über Richtigkeit eines Erbscheins gebührenfrei.

§ 81 Abs. 4. Wertberechnung. Für die Gebührenberechnung ist der Wert des Nachlasses nach Abzug der Schulden maßgebend. Wird der Erbschein über mehrere Erbfälle erteilt, so werden die Werte der mehreren Nachlässe für die Erbscheinsgebühr (nicht für die Gebühr für die eidesstattliche Versicherung) zusammengerechnet; wird der Erbschein nur über das Erbrecht eines Miterben erteilt, so ist nur der Wert dessen Erbteils maßgebend. Berechtigt der Erbschein nur zur Verfügung über bestimmte Gegenstände (beschränkter Erbschein, § 2369 BGB.), so ist nur deren Wert nach Abzug der auf ihnen haftenden Schulden maßgebend.

§ 81 Abs. 5 u. 6. Soll der Erbschein (die Erbbescheinigung oder das sonstige Zeugnis) nur zur Verfügung über einzelne Nachlaßgegenstände gebraucht werden, so sind die Gebühren für den Erbschein und für die eidesstattlichen Versicherungen nur nach dem Werte dieser Gegenstände (ohne Abzug der auf ihnen haftenden Schulden) zu berechnen,

1. wenn es sich um ein Grundstück oder um ein im Grundbuch eingetragenes Recht handelt, dieses dem Nachlaßgerichte glaubhaft gemacht und die Übersendung des Erbscheins an das Grundbuchamt zur Aufbewahrung bei dessen Akten beantragt wird,
2. wenn der Erbschein zur Verfügung über andere einzelne Nachlaßgegenstände gebraucht und zu diesem Zwecke vom Nachlaßgericht einer öffentlichen Behörde übersandt werden soll.

Wird demnächst die Erteilung einer Ausfertigung oder einer Abschrift des Erbscheins beantragt oder wird im Falle zu 2 der Erbschein nicht innerhalb der vom Nachlaßgerichte bestimmten Frist von der Behörde mit der Bescheinigung, daß er nur zu dem bezeichneten Zwecke gebraucht und eine Abschrift nicht zurückbehalten ist, zurückgesandt, so sind die Gebühren der Abs. 1 u. 2 nach dem Gesamtwerte des Nachlasses (hier Schuldenabzug) unter Anrechnung der etwa gezahlten Teilgebühren zu erheben.

Sollten die Gebühren nach Abs. 1 und 2 geringer sein, als die Gebühren nach Abs. 5 u. 6, so sind nur die geringeren zu erheben.

§ 81 Abs. 7. Zeugnis über die Fortsetzung der Gütergemeinschaft . . . . . . . . . . . . . . . . . . . . . . . . 10/10 B

Wert: Die Hälfte des Gesamtguts.

§ 81 Abs. 7. Zeugnis über die Ernennung eines Testamentsvollstreckers . . . . . . . . . . . . . . . . . 10/10 B

neben einem Erbschein (§ 81 Abs. 1) . . . . . . . . . . 5/10 B

| | |
|---|---|
| § 81 Abs. 7. Ein weiteres Zeugnis über die Ernennung eines Testamentsvollstreckers beim Wechsel in der Person . . . . . . . . . | Tab. 6. 5/10 B |
| Wert f. Testamentsvollstreckerzeugnisse nach § 23 Abs. 1. | |
| § 82. Bescheinigung zur Verfügung über eine Buchforderung im Reichs- oder im Staatsschuldbuche für einen Rechtsnachfolger von Todes wegen, für einen die Gütergemeinschaft fortsetzenden überlebenden Ehegatten oder für einen Testamentsvollstrecker . . . . . . . . . . . . . . . . . . . . . . . . . | 3/10 B |
| Die gleiche Gebühr wird für Zeugnisse nach §§ 37, 38 GBO. erhoben; die Gebühr fällt jedoch fort, wenn die Teilungsurkunde vom Gericht aufgenommen oder bestätigt ist. | höchstens 10 ℳ |
| § 83 Abs. 1. Für das Verfahren zur Sicherung eines Nachlasses durch Siegelung oder auf andere Weise, einschl. der Anordnungen wegen Aufbewahrung des Nachlasses, Ermittelung der Erben und Ausantwortung des Nachlasses an sie . . . . . . . . . . . . . . . . . . . . . | 10/10 B |
| Anrechnung der halben Erbscheinsgebühr nach § 81 Abs. 1. | |
| § 83 Abs. 2. Die Gebühren nach § 50 für eine Siegelung, Entsiegelung und Aufnahme eines Vermögensverzeichnisses werden besonders erhoben. | |
| § 84. Auf eine Nachlaßverwaltung, eine sonstige Nachlaßpflegschaft oder eine vom Nachlaßgerichte zum Zwecke der Erbauseinandersetzung angeordnete Abwesenheitspflegschaft finden die Vorschriften für Vormundschaften entsprechende Anwendung. | |
| An die Stelle des Vermögens des Mündels tritt der Wert des Nachlasses oder des Teiles des Abwesenden zur Zeit der Anordnung; bei der Nachlaßverwaltung findet ein Abzug der Schulden nicht statt. | |
| Die Gebühr des § 83 Abs. 1 wird auf die Gebühr für die Nachlaßpflegschaft angerechnet, wenn diese zur Sicherung des Nachlasses eingeleitet wird. | |
| § 85. Verfahren zur Feststellung des Erbrechts des Fiskus oder der an seine Stelle tretenden Körperschaft, Stiftung oder Anstalt des öffentlichen Rechtes . . . . . . . . . . . . . . . . . . . . . . . . . | 10/10 B |
| Ein auf Grund der Feststellung erteilter Erbschein ist gebührenfrei. | |
| § 86 Abs. 1. a) Für das gesamte Erbteilungsverfahren | 30/10 B |
| § 86 Abs. 1. b) Falls das eingeleitete Erbteilungsverfahren nicht durch die Bestätigung der Auseinandersetzung oder durch die Beurkundung einer vertragsmäßigen Auseinandersetzung abgeschlossen wird | 20/10 B |
| Zu a und b: Ein Stempel kommt nicht zum Ansatz. | |
| § 86 Abs. 2. Daneben werden die Gebühren (ebenso die Stempel) für Vermögensverzeichnisse, Schätzungen und Versteigerungen besonders erhoben. Für Beurkundung eines Vertrags der Erben mit einem Dritten vor dem Teilungsgerichte zum Zwecke der Auseinandersetzung wird von dem Dritten die Hälfte der Beurkundungsgebühr besonders erhoben; der Stempel ist voll, nicht anteilweise anzusetzen. | |
| § 86 Abs. 3. Ermittelung und Feststellung der Nachlaßmasse allein . . . . . . . . . . . . . . . . . . . . . . . . . | 20/10 B |
| Diese Gebühr wird im Falle des Abs. 1 durch die dort bestimmte Gebühr mit gedeckt. | |

§ 86 Abs. 4. Für die Beurkundung eines Erbteilungsvertrags ohne daß die Erbteilung unter Leitung des Gerichts stattfindet, wird die Beurkundungsgebühr erhoben. Stempel nach TSt. 20 LStG.

§ 86 Abs. 5. Erklärt sich ein Beteiligter in fremder Sprache, so erhöhen sich die Gebühren nach Abs. 1 u. 3 um 1/4. Tab. 2.

Die Gebühren ergeben sich aus der Tabelle 2.

Im Falle des Abs. 2 und des Abs. 4 tritt diese Erhöhung nach § 55 ohne weiteres ein.

§ 87 Abs. 1. Im Falle der Übertragung der Vermittelung der Auseinandersetzung an einen Notar: Tab. 9.

1. Entscheidung über den Antrag auf Einleitung des Verfahrens 1/10 §123
2. Entscheidung über die Bestätigung der Auseinandersetzung 1/10 §123
3. Anordnung einer Beweisaufnahme . . . . . . . . . . . . . 1/10 §123

Jede der vorbezeichneten Gebühren wird in jeder Instanz rücksichtlich eines jeden Teiles des Nachlasses nur einmal erhoben. Sind die Gebühren mehrfach von verschiedenen Teilen des Nachlasses anzusetzen, so darf ihr Gesamtbetrag die nach dem Werte des gesamten Nachlasses berechnete Gebühr nicht übersteigen (§ 87 Abs. 2).

§ 87 Abs. 3. Ist der Antrag auf Überweisung an einen Notar erst nach dem ersten Verhandlungstermine gestellt, so kann das Gericht die Erhebung einer besonderen Gebühr beschließen; die Gebühr beträgt 1/10 § 123 und kann vom Gerichte bis auf 2/100 § 123 herabgesetzt werden.

§ 88. Auf die Auseinandersetzung von Gütergemeinschaften oder sonstigen Gemeinschaften sowie auf die Auseinandersetzung geschiedener Ehegatten sind die Vorschriften über Erbteilungen entsprechend anzuwenden.

§ 89 Abs. 1. Nachstehende Handlungen des Nachlaßgerichts sind in der angegebenen Höhe nur dann gebührenpflichtig, wenn sie nicht in Verbindung mit einem in diesem Abschnitte bezeichneten Verfahren stattfinden. Tab. 6.

(1) Entgegennahme von Erklärungen, Anmeldungen und Anzeigen, einschl. der Beurkundung oder Beglaubigung durch das Nachlaßgericht . . . . . . . . . . . . . 5/10 B

Im Falle des § 2061 BGB. (Anmeldung von Nachlaßforderungen auf Aufforderung eines Miterben) wird die Gebühr nur einmal und zwar vom Miterben erhoben.

(2) Entgegennahme des Inventars, einschl. der Anordnung wegen seiner Aufnahme . . . . . 5/10 B

(3) Bestimmung oder Verlängerung einer Frist . . . . . . . 5/10 B

(4) Anordnungen betr. den Testamentsvollstrecker . . . 5/10 B

(5) Abhaltung des Offenbarungseidstermins auf Verlangen eines Nachlaßgläubigers . . . . . . . . . . . . . . . . 5/10 B

Wertgegenstand ist, sofern eine vermögensrechtliche Angelegenheit vorliegt, die Vermögensmasse nach Abzug der Schulden (§ 89 Abs. 2); sonst findet § 23 Anwendung.

§ 90 Abs. 1. Wertbestimmung. Es ist der Betrag der den Gegenstand des Verfahrens bildenden Vermögensmasse ohne Abzug der Schulden maßgebend, wenn nicht ein anderes bestimmt ist (vgl. § 81 Abs. 4, § 89 Abs. 2).

§ 90 Abs. 2. Die Werte mehrerer im Zusammenhange stehender Massen eines Verfahrens werden zusammengerechnet. Die Verteilung der Gebühr auf die einzelnen Massen erfolgt nach Verhältnis ihres Wertes. Im Falle der Verbindung der Teilung eines Nachlasses mit der Auseinandersetzung der Gütergemeinschaft des verstorbenen und des überlebenden Ehegatten wird der Wert der gütergemeinschaftlichen Masse nur zu dem Teile angesetzt, welcher dem überlebenden Ehegatten zufällt.

§ 90 Abs. 3. Werden nur einzelne Teile der Masse von den in diesem Abschnitte bezeichneten Gattungen von Geschäften berührt, so werden die Gebühren nur nach dem Werte dieser Teile berechnet.

## J. Tätigkeit des Vormundschaftsgerichts.

Tab. 1.

§ 91 Abs. 1. a) Pflegschaften oder Beistandschaften zur Wahrnehmung einzelner Geschäfte (Einzelpflegschaften usw.) . . . 10/10 § 33

§ 91 Abs. 1. b) Für die sonstige Fürsorge für ein unter elterlicher Gewalt stehendes Kind . . . . . . . . . . . . . . . . . 10/10 § 33

Hierher gehören insbesondere:

Genehmigung eines Rechtsgeschäft; Genehmigung zum selbständigen Betrieb eines Erwerbsgeschäfts und Zurücknahme dieser Genehmigung (§§ 112, 1645 BGB.); Unterstützung des Vaters (der Mutter) durch Anwendung geeigneter Zuchtmittel (§ 1631 BGB.); Anordnungen wegen der Sorge für die Person und Regelung des persönlichen Verkehrs mit dem Kinde nach erfolgter Ehescheidung (§§ 1635, 1636 BGB.); Maßregeln bei Verhinderung des Vaters an der Ausübung der elterlichen Gewalt (§ 1665 BGB.); Feststellung des Ruhens oder der Beendigung des Ruhens der elterlichen Gewalt (§ 1677 BGB.; Genehmigung zur Anfechtung eines Erbvertrags (§ 2282 BGB.).

**Zu a und b:** Für die Gebührenberechnung ist der Wert des Gegenstandes maßgebend; Schuldenabzug findet nicht statt.

§ 91 Abs. 2. Die Gebühr kommt nur insoweit zum Ansatz, als nicht eine nach § 92 gebührenpflichtige Vormundschaft, Pflegschaft oder Beistandschaft eingeleitet oder einzuleiten ist; ist die Gebühr des § 92 Nr. 1 geringer, so ist nur deren Betrag zu erheben (vgl. § 93).

§ 92 Nr. 1. Bei Vormundschaften sowie bei anderen als den im § 91 genannten Pflegschaften oder Beistandschaften sind von dem Vermögen des Mündels, Pflegebefohlenen oder unter elterlicher Gewalt stehenden Kindes, auf welches sich die Vormundschaft usw. erstreckt, die in der Tabelle 8 angegebenen Gebühren zu erheben. Tab. 8.

§ 92 Nr. 2. Soweit Rechnung gelegt werden muß, ist ferner jährlich 1/10 der Gebühr des Abs. 1 zu erheben; ein angefangenes Kalenderjahr rechnet stets voll. Tab. 8.

Die Gebühr des Abs. 2 ist eine selbständige Gebühr, deren Mindestbetrag 50 Pf. beträgt; sie ist mit Leichtigkeit aus der Tabelle 8 zu entnehmen; der Pauschsatz ist von ihr besonders zu erheben.

§ 92 Nr. 3. Wertberechnung: Schulden werden von dem Vermögen abgezogen.

§ 92 Nr. 4. Auf die vorläufige Vormundschaft finden Nr. 1 bis 3 des § 92 Anwendung; eine nachfolgende endgültige und die vorläufige Vormundschaft gelten als ein Verfahren.

§ 93. **Höchstbetrag.** Bei keinem Mündel, Pflegebefohlenen oder unter elterlicher Gewalt stehenden Kinde darf der Gesamtbetrag der nach dem § 91 und dem § 92 Nr. 1 zu erhebenden Gebühren denjenigen Betrag übersteigen, der nach § 92 Nr. 1 im Falle der Vormundschaft zu erheben ist.

§ 94 Abs. 1. Nr. 1. Volljährigkeitserklärungen, wenn der Minderjährige nicht unter Vormundschaft steht, Wert nach § 23 . . . . 3/10 §123 Tab. 9.

Nr. 2. Ersetzung der elterlichen Einwilligung zur Eingehung der Ehe oder der Einwilligung der Mutter zur Ehelichkeitserklärung, Wert nach § 23 . . . . 3/10 §123

Nr. 3. Entscheidungen, betreff. den Unterhalt der Kinder nach § 1612 BGB., Wert nach § 23 Abs. 1 . . . . 3/10 §123

Nr. 4. Übertragung der Ausübung der elterlichen Gewalt an die Mutter (§ 1685 Abs. 2 BGB.), Wert nach § 23 . . . . 3/10 §123

Nr. 5. Ersetzung der Zustimmung anteilsberechtigter Abkömmlinge zu Rechtsgeschäften des überlebenden Ehegatten im Falle der fortgesetzten Gütergemeinschaft, Wert nach § 23 . . . . 3/10 §123

Nr. 6. Tätigkeit des Vormundschaftsgerichts im Falle der Verheiratung des Vaters oder der Mutter (Heiratszeugnis) sowie Anordnungen für oder gegen den Vater oder die Mutter nach den §§ 1639 Abs. 1, 1640 Abs. 2, 1653, 1666, 1667, 1668 u. 1670 oder gegen den Annehmenden eines Kindes nach § 1760 Abs. 2 BGB., Wert nach § 23 . . . . 3/10 §123

Nr. 7. Entscheidungen, welche die persönlichen Rechtsbeziehungen der Ehegatten zu einander oder das eheliche Güterrecht betreffen, Wert nach § 23 . . . . 3/10 §123

Nr. 8. Sonstige Verfügungen des Vormundschaftsgerichts, die sich nicht auf Mündel, Pflegebefohlene oder unter elterlicher Gewalt stehende Kinder beziehen, Wert nach § 23 . . . . 3/10 §123

Zahlungspflichtig ist in den Fällen unter Nr. 4, 6 der Vater oder die Mutter.

**§ 94 Abs. 2.** Hat eine Rechnungslegung stattzufinden, so werden neben der im Abs. 1 bestimmten Gebühr die Gebühren des § 92 Nr. 2 erhoben.

**§ 95 Abs. 1.** Soweit nicht nach den **§§ 91 bis 94** Gebühren zu erheben sind, ist die Tätigkeit des Vormundschaftsgerichts gebührenfrei. Das Gleiche gilt von der Tätigkeit des Beschwerdegerichts, soweit die Beschwerde von dem Mündel oder in seinem Interesse eingelegt ist.

Die gerichtlichen Verhandlungen in Fürsorgeerziehungssachen sind gebühren- und stempelfrei. Die baren Auslagen trägt die Staatskasse (§ 8 Abs. 1 Ges. v. 2. 7. 00, GS. S. 264).

**§ 95 Abs. 2.** Die in den **§§ 91 bis 93** (nicht § 94) bestimmten Gebühren einschl. der Pauschsätze, Schreibgebühren und Rechnungsgebühren in den durch diese Vorschriften bezeichneten Angelegenheiten bleiben außer Ansatz, wenn es sich um eine minderjährige, geisteskranke, geistesschwache oder gebrechliche Person handelt, deren reines Vermögen 1000 *M* nicht übersteigt.

**§ 95 Abs. 3.** Wird eine Vormundschaft, Pflegschaft oder Beistandschaft an ein Gericht eines anderen Bundesstaates abgegeben, so gilt die Vormundschaft für die Gebührenberechnung als beendigt. Der Justizminister ist ermächtigt, eine teilweise Nichterhebung oder Rückzahlung der Kosten anzuordnen.

## K. Fideikommisse, Stiftungen und Vermögensverwaltungen.

**§ 96.** Beaufsichtigung von Fideikommissen und Stiftungen **Tab. 1.**

Nr. 1, wenn eine Rechnungslegung bei dem Gericht über die Verwaltung des Vermögens nicht stattfindet, . . . . . . . . jährlich **3/10** § 33

Nr. 2, soweit eine solche Rechnungslegung stattfindet, sind die Gebühren nach Tabelle 10 zu erheben. **Tab. 10.**

**Zu Nr. 1 u. 2.** Die Gebühren werden jährlich nach dem Betrage des Vermögens erhoben; ein angefangenes Kalenderjahr rechnet stets voll; Schulden werden abgezogen.

Nr. 3. Ausübung der Aufsicht über die Verwaltung eines Grundstücks seitens des Gerichts außerdem für jedes Rechnungsjahr . . . . **Tab. 9.** **5/10** § 123

Wert: Betrag der Einkünfte nach Abzug der Verwaltungskosten und der auf dem Grundstücke haftenden Lasten und Abgaben.

Die Nr. 3 findet auf andere Fälle einer Vermögensverwaltung Anwendung.

**§ 97.** Für Beurkundung einzelner Handlungen der freiwilligen Gerichtsbarkeit werden die dafür bestimmten Gebühren und Stempel besonders erhoben.

## L. Sonstige Angelegenheiten.

§ 98. Gerichtliche Bewilligung der Befreiung von den Erfordernissen der Eheschließung (Befreiung von der Wartefrist) oder von sonstigen Befreiungen . . . . . . . . . . . . . . . . . . Tab. 9. 3/10 §123

Wert nach § 23 Abs. 1.

§ 98. Entgegennahme einer Erklärung über den Familiennamen, einschl. der Beurkundung oder Beglaubigung . . . . . . . . . . . 3/10 §123

Wert nach § 23 Abs. 1.

§ 99. Bestätigung eines Kindesannahmevertrags oder der Wiederaufhebung eines solchen . . . . . . . . . . . . . . . . Tab. 1. 5/10 § 33

Die Bestätigungsgebühr wird nicht erhoben, wenn der Vertrag von dem zur Bestätigung zuständigen Gerichte beurkundet ist.

§ 100. Genehmigung einer Familienstiftung . . . . . . 10/10 §33

Diese Gebühr bleibt außer Ansatz, wenn die Stiftungsurkunde von dem genehmigenden Gericht aufgenommen ist.

§ 101. Anordnungen über den Verkauf oder die Hinterlegung von Pfändern und anderen Gegenständen . . . . . . . . . . . . Tab. 9. 3/10 §123

§ 101. Bestellung eines Dispacheurs oder eines Verwahrers, einschl. der Bestimmung seiner Vergütung (vgl. § 102) . . . . . . . 3/10 §123

§ 101. Anordnungen, welche die Feststellung des Zustandes oder Wertes von unbeweglichen oder beweglichen Sachen zum Gegenstande haben . . . . . . . . . . . . . . . . . . . . . . . 3/10 §123

Daneben, falls eine Beweiserhebung seitens des Gerichts (Augenschein, Vernehmung von Zeugen und Sachverständigen) stattfindet . . . . . . . . . . . . . . . . . . . . . 2/10 §123

§ 102. Verhandlung über die vom Dispacheur aufgemachte Dispache — für das ganze Verfahren — . . . . . . . . . . . . . 3/10 §123

Wert: Der Betrag des Havarieschadens oder, wenn der Wert des Geretteten an Schiff, Fracht und Ladung geringer ist, dieser geringere Betrag.

§ 103. In dem Ordnungsstrafverfahren nach §§ 132 bis 139 FGG. sowie in anderen Fällen der Festsetzung von Ordnungsstrafen (Abs. 5 d. § 103) mit Ausnahme der Ordnungsstrafen in Vormundschaftssachen werden **in jeder Instanz** (in jedem Verfahren nur einmal) erhoben

1. für die Festsetzung der Ordnungsstrafe . . . . . . . . . . . 10/10 § 123
2. für die Verhandlung in dem nach § 134 FGG. anberaumten Termine . . . . . . . . . . . . . . . . . . . . . . . . 10/10 § 123
   (nur wenn der Beteiligte erscheint.)
3. für die Anordnung einer Beweisaufnahme . . . . . . . . . 10/10 § 123

   falls sie weder ganz noch teilweise stattgefunden hat . . . . 5/10 § 123

Jede Wiederholung der Ordnungsstrafe gilt als ein besonderes Verfahren. — Tab. 9.

Die Androhung von Ordnungsstrafen ist gebührenfrei.

Wert: Höhe der festgesetzten Ordnungsstrafe.

§ 104. Soweit nicht im Pr.GKG. oder reichsgesetzlich ein anderes bestimmt ist, werden für die Erledigung der im HGB., im GenG. und in dem Ges. betr. die GmbH. den Gerichten zugewiesenen, von den deutschen Prozeßordnungen nicht betroffenen Angelegenheiten, welche eine Entscheidung des Gerichts erfordern, sowie von Angelegenheiten ähnlicher Art erhoben . . . . . . . . . . . . . . . . . . 3/10 §123

§ 105. **Rechtshilfe.** Für Erledigung von Ersuchen eines nichtpreußischen Gerichts in Angelegenheiten, welche durch das D.GKG. nicht betroffen werden, sind außer den baren Auslagen zu erheben:

1. wenn eine Handlung vorgenommen wird, für welche besondere Gebühren bestimmt sind, diese Gebühren; — Tab. 9.
2. wenn nur um die Zustellung oder Aushändigung eines Schriftstücks ersucht ist . . . . . . . . . . . . . . . . . . . . . . . . . . 1/10 §123 höchstens 10 ℳ
3. in allen anderen Fällen . . . . . . . . . . . . . . . . . . . . . . . 2/10 §123 höchstens 20 ℳ

Die bestehenden Staatsverträge werden hierdurch nicht berührt.

Gebühren und Auslagen werden nicht erhoben, soweit die Gegenseitigkeit verbürgt ist. Ob diese Voraussetzung gegeben ist, entscheidet der Justizminister.

**Vgl. Allgem. Verf. v. 7. 3. 07 (JMBl. S. 55) und Kassenordnung v. 28. 3. 07 (JMBl. S. 125).**

§ 106. Austritt aus der Kirche oder einer Synagogengemeinde, für das Verfahren . . . . . . . . . . . . . . . . . . . . . . 3 ℳ

Erfolgt die Austrittserklärung nicht, so werden Gebühren und Auslagen nicht erhoben.

§ 107. Ist für ein gerichtliches Geschäft eine Gebühr weder reichsgesetzlich noch in dem Pr.GKG. bestimmt, so werden erhoben — Tab. 1. 3/10 § 33

## M. Gemeinschaftliche Bestimmungen für die bisher behandelten Abschnitte.

§ 108 **Nr. 1.** Auf- und Annahme von Gesuchen, Anträgen oder Beschwerden ist gebührenfrei.

In Grundbuch- und Schiffspfandsachen sind diejenigen Anträge gebührenpflichtig, welche zur Herbeiführung einer Eintragung oder Löschung in beglaubigter Form gestellt werden müssen.

Anträge, welche zu Protokoll des Gerichtsschreibers erklärt werden können (§ 11 FGG.), sind gebührenfrei, auch wenn sie auf

Ersuchen des Gerichts eines fremden Bundesstaats aufgenommen sind (Allgem. Verf. v. 7. 3. 07 unter I C. JMBl. S. 55).

§ 108 Nr. 2 a) Zurücknahme eines Antrags, bevor eine Entscheidung auf ihn getroffen ist . . . . . . . . . . . . . . . . . . 3/10 höchstens 10 M

b) Zurückweisung unbegründeteter oder unzulässiger Anträge . . . . . . . . . . . . . . . . . . . . . . . . . . . . 5/10 höchstens 20 M

**Zu a u. b:** derjenigen Gebühr, welche für die beantragte Verhandlung oder Entscheidung zu erheben gewesen wäre.

Zurückweisung von Grundbuchanträgen nach Eintragung einer Vormerkung oder eines Widerspruchs nach § 18 GBO. siehe § 61 Abs. 2 Seite 22.

§ 108 Nr. 3. Auf Beschwerden finden die §§ 45 u. 46 D.GKG. Anwendung.

Als Beschwerde gilt auch ein Antrag auf Entscheidung nach Art. 51 Abs. 2 Pr.FGG. im Falle der Weigerung eines Notars, eine Ausfertigung oder Abschrift zu erteilen oder die Einsicht der Urschrift zu gestatten.

§ 110 Abs. 1. Für einen durch Säumnis einer Partei oder eines Zeugen oder Sachverständigen vereitelten Termin ist eine vom Gericht festzusetzende Gebühr von mindestens 1 M und höchstens 20 M anzusetzen, die nebst den entstandenen baren Auslagen dem Säumigen zur Last fällt.

**§ 110 Abs. 2.** Soweit gegen einen säumigen Zeugen oder Sachverständigen Zwangsmaßregeln nach der ZPO. oder der StPO. zulässig sind, findet Abs. 1 keine Anwendung.

§ 111. Auf die Entscheidung über die Erteilung einer vollstreckbaren Ausfertigung,
auf die gerichtliche Festsetzung der einem Beteiligten zu erstattenden Kosten,
auf Zeugnisse über die Rechtskraft,
auf gerichtliche Vollstreckungshandlungen nach Art. 17 Pr.FGG.,
ist in allen Fällen das D.GKG. anzuwenden.

## N. Angelegenheiten der streitigen Gerichtsbarkeit.

**§ 119.** Das D.GKG. und der § 118 Pr.GKG. finden Anwendung auf die vor die ordentlichen oder vor besondere Gerichte gehörigen Rechtssachen, für welche die ZPO. und StPO. nach landesgesetzlichen Vorschriften maßgebend sind.

Auf die Kosten für das Verfahren vor den Königlichen Gewerbegerichten in der Rheinprovinz sind die Bestimmungen der §§ 58—60 d. Reichsges. betr. die Gewerbegerichte (RGBl. 1901 S. 353) anzuwenden.

Die Vorschriften des § 96 d. Ges. v. 18. 2. 80, betr. das Verfahren in Auseinandersetzungsangelegenheiten (GS.S. 59), bleiben unberührt.

**§ 120.** Betrifft die Kosten in Forstdiebstahlssachen, welche in den Gebührentabellen zum D.GKG. (in demselben Verlage erschienen) berücksichtigt sind.

**§ 121.** Für ein Verteilungsverfahren im Falle einer Enteignung (Art. 53, 54, 109 EG.BGB.) oder der Beschädigung eines Grundstücks durch Bergbau sind die Gebührenvorschriften über ein Verteilungsverfahren im Falle der Zwangsvollstreckung (§ 125 Abs. 1 Nr. 4 = 5/10 und Abs. 5 = 2/10) maßgebend.

Zurücknahme oder Zurückweisung des Antrags auf Eröffnung des Verteilungsverfahrens, bevor die Eröffnung des Verfahrens verfügt ist . . . . . . . **Tab. 9.** 1/10 §123

Wert: Der Gesamtbetrag, welcher den Gegenstand des Verfahrens bildet, oder falls ein Berechtigter Antragsteller ist, dessen Anspruch, wenn dieser geringer ist, als der Gesamtbetrag.

§ 122. In Disziplinarsachen werden nur bare Auslagen erhoben.

## O. Zwangsversteigerung und Zwangsverwaltung von Gegenständen des unbeweglichen Vermögens. Zwangsliquidation einer Bahneinheit.

**§ 124 Abs. 1.** Entscheidung über Anträge auf Anordnung der Zwangsversteigerung, der Zwangsverwaltung oder der Zwangsliquidation, einschl. des vorangegangenen Verfahrens . . . . . . **Tab. 9.** 2/10 §123

Wert: Die Gebühr wird,

a) wenn ein Gläubiger Antragsteller ist, nach dem Betrage der einzuziehenden Forderungen nebst den miteinzuziehenden Zinsen,

b) im übrigen nach der Hälfte des Wertes des Gegenstandes der Zwangsversteigerung (vgl. § 127), der Zwangsverwaltung oder der Zwangsliquidation berechnet.

**§ 124 Abs. 2.** Zurücknahme des Antrags vor Erlaß einer gebührenpflichtigen Entscheidung, Wert wie bei Abs. 1 . . . . . . . . . . . 2/100 § 123

Bei teilweiser Zurücknahme ist die Gebühr nur dann zu erheben, wenn die Gebühr des Abs. 1 nach einer geringeren Wertstufe zu berechnen ist.

### Zwangsversteigerung.

**§ 125 Abs. 1 Nr. 1:** Erlaß der Bekanntmachung des Versteigerungstermins . . . . . . . . . . . . . . . . . . . . . . . . . 2/10 §123

Erlaß der Bekanntmachung eines neuen Versteigerungstermins nach Abhaltung des ersten (Abs. 2) . . . . . . . . . . . . . . . . 1/10 §123

Die Bekanntmachung gilt als erlassen, wenn sie zur Veröffentlichung oder an einen der Beteiligten abgesandt worden ist (Abs. 3).

**§ 125 Abs. 1 Nr. 2:** Abhaltung des ersten Versteigerungstermins 2/10 §123

**§ 125 Abs. 1 Nr. 3:** Abhaltung eines jeden weiteren Versteigerungstermins . . . . . . . . . . . . . . . . . . . . . . . . . 1/10 §123

Zu Nr. 2 u. 3: Der Versteigerungstermin gilt als abgehalten, wenn nach Feststellung der Versteigerungsbedingungen zur Abgabe von Geboten aufgefordert worden ist.

Tab. 9.

**§ 125 Abs. 1 Nr. 4:** Verteilungsverfahren . . . . . . . . . . 5/10 §123

Sind nach § 65 ZVG. Gegenstände besonders versteigert oder anderweit verwertet worden, so tritt für die Berechnung der Gebühren für das Verteilungsverfahren ihr Erlös dem Gebote hinzu (§ 127 Abs. 4).

**§ 125 Abs. 5.** Findet ein gerichtliches Verteilungsverfahren nicht statt (§ 144 ZVG.) oder wird nach § 143 a. a. O. ein Verteilungsverfahren nach der Zustellung der Bestimmung des Verteilungstermins aber vor dem Beginne dieses Termins eingestellt, so sind . . . . . . . . . . . . . . . . . . . . . . . . 2/10 §123 zu erheben.

Ist von einem Teile des Erlöses die 2/10=Gebühr nach Abs. 5, von einem anderen Teile die 5/10=Gebühr nach Abs. 1 Nr. 4 zu erheben, so darf die Summe den Betrag der nach dem Gesamterlöse berechneten 5/10=Gebühr nicht übersteigen.

**§ 126.** Zuschlagsbeschluß im Zwangsversteigerungsverfahren (auch in der Beschwerdeinstanz, § 135) . . . . . . . . . . . Tab. 1. 20/10 §33

Erstattung im Falle der Aufhebung des Beschlusses (Abs. 4); Stempel für den Zuschlagsbeschluß (TSt. 32 LStG.), in den Hohenzollernschen Landen die Abgabe nach Art. 2 § 1 Ges. v. 22. 6. 75 (GS.S. 235), wird besonders erhoben.

Im Falle der Zwangsversteigerung zum Zwecke der Aufhebung einer Gemeinschaft bleibt, wenn einem Miteigentümer (Miterben) der Zuschlag erteilt wird, bei der Berechnung der Gebühren, Stempel und Abgaben der Teil des Meistgebots (oder des Werts, falls dieser höher ist) unberücksichtigt, welcher auf den dem Ersteher bereits zustehenden Anteil entfällt (§ 126 Abs. 3 Pr.GKG., TSt. 32 Abs. 3 LStG.).

**§ 127. Wertberechnung.** Die Gebühren der §§ 125, 126 sind nach dem Gebote zu erheben, für welches der Zuschlag erteilt ist.

Erreicht das Gebot nicht den Wert des Gegenstandes, so tritt bei Berechnung der nach § 125 Nr. 1, 2, 3, § 126 zu erhebenden Gebühren dieser an die Stelle des Gebots; ein höherer Wert als der bei Berechnung des geringsten Gebots angenommene darf der Gebührenberechnung aus § 125 nur dann zugrunde gelegt werden, wenn er spätestens im Versteigerungstermine bekannt gemacht worden ist.

Wenn der Ersteher zur Zeit der Einleitung der Zwangsversteigerung Hypotheken= oder Grundschuldgläubiger ist, so tritt an die Stelle des Meistgebots, falls dieses hinter dem Gesamtbetrage der Hypotheken= oder Grundschuldforderungen des Erstehers und der diesen vorangehenden Forderungen zurückbleibt, dieser Gesamtbetrag, sofern er nicht den Wert des Gegenstandes übersteigt.

Ist der Zuschlag nicht erteilt, so werden die nach § 125 zu erhebenden Gebühren nach dem Werte des Gegenstandes berechnet.

**§ 128.** Bei der Zwangsversteigerung mehrerer Gegenstände werden die im § 125 bestimmten Gebühren nach der Summe der für die einzelnen Gegenstände maßgebenden Beträge berechnet. Werden mehrere Gegenstände verschiedenen Personen zugeschlagen, so werden die im § 126 bestimmten Gebühren, Stempel und Abgaben nach den Personen der Ersteher gesondert berechnet.

**Zwangsverwaltung.** Tab. 9.

§ 130. Am Schlusse des Verfahrens, bei längerer als einjähriger Dauer am Schlusse eines jeden Verwaltungsjahrs, werden erhoben . . . . . . . . . . . . . . . . . . . . . . . . . jährlich 5/10 §123

Der Tag der Beschlagnahme gilt als der erste Tag eines Verwaltungsjahrs.

Wert: Betrag der Einkünfte, welcher nach Abzug aller Ausgaben der Verwaltung und der laufenden öffentlichen Lasten zur Verteilung gelangt; mindestens jedoch der Betrag des Grundsteuerreinertrags und des Gebäudesteuernutzungswerts (in den Hohenzollernschen Landen 4 % des Steueranschlags).

§ 131. Ist der Gegenstand des Verfahrens vor der Aufhebung der Zwangsverwaltung dem Verwalter nicht übergeben oder nicht von ihm in Besitz genommen, so werden Gebühren nicht erhoben.

§ 132. Für die vom Vollstreckungsgerichte veranlaßte Tätigkeit des Grundbuchamts oder des das Schiffsregister führenden Richters werden Gebühren nicht erhoben, mit Ausnahme der Eintragung des Erstehers als Eigentümer und der Eintragung der Sicherungshypothek oder des Pfandrechts für die Forderung gegen den Ersteher.

§ 134. Für die Zwangsliquidation einer Bahneinheit werden erhoben . . . . . . . . . . . . . . . . . . . . 6/10 §123

falls die Zwangsliquidation eingestellt wird . . . . . . . . . . . 4/10 §123

§ 135. Auf Beschwerden im Verfahren der Zwangsversteigerung, der Zwangsverwaltung oder der Zwangsliquidation finden die §§ 45, 46 D.GKG. entsprechende Anwendung.

Wird vom Beschwerdegerichte der Zuschlag in einem Zwangsversteigerungsverfahren erteilt, so ist außer der Gebühr des § 45 D.GKG. die Gebühr für Erteilung des Zuschlags (§ 126) und der tarifmäßige Stempel zu erheben.

II.

# Gebührenordnung für Notare.

Vom 25. Juli 1910 (GS. S. 233).

Gültig vom 1. Oktober 1910.

## A. Pauschsatz, Schreibgebühren und sonstige Auslagen.

§ 20. Von einer jeden zum Ansatze gelangenden Gebühr ist ein Pauschsatz von

**10%, mindestens 50 Pf. und höchstens 20 M**

unter Abrundung der Pfennigbeträge auf 10 nach oben

zu berechnen.

Der Pauschsatz hat die Eigenschaft einer Gebühr; auch er ist anzurechnen, wenn die Gebühr anzurechnen ist (vgl. Seite 7).

Bei Beurkundungen und Entwürfen ist die Erteilung je einer Ausfertigung oder Abschrift für jede beteiligte Partei (d. h. aber nicht für jeden Beteiligten) in dem Pauschsatz eingeschlossen.

§ 19. Außer den Gebühren (und den zugehörigen Pauschsätzen) kann der Notar nur den Betrag der erforderlichen Stempelabgaben und der von ihm in Marken entrichteten Gerichtskosten sowie die notwendigen baren Auslagen berechnen.

Schreibgebühren (20 Pf. für die Seite) werden nur für besonders beantragte Ausfertigungen und Abschriften und zwar nach denselben Grundsätzen wie bei den Gerichten erhoben (vgl. Seite 8).

An Postgebühren kann der Notar lediglich Telegraphengebühren und die im Fernverkehre zu entrichtenden Fernsprechgebühren berechnen.

§ 21. **Reisekosten der Notare.** § 78 Geb.O. f. RA.

| | |
|---|---|
| 1. Tagegelder (Kalendertag) | 12,00 M |
| 2. Nachtquartier | 5,00 " |
| 3. Fuhrkosten bei einer Entfernung von 2 km und mehr | |
| a) Eisenbahn (Dampfschiff) für jedes km | 0,13 " |
| außerdem für jeden Zu- und Abgang | 3,00 " |
| b) Landweg für jedes km | 0,60 " |

Eine Abrundung auf 8 km findet nicht statt. Tagegelder und Fuhrkosten stehen dem Notar bei geringerer Entfernung als 2 km nicht zu.

§ 22. **Zeugengebühren.** Der Notar kann für jeden bei einer notariellen Beurkundung zugezogenen Zeugen die diesem gezahlte Gebühr bis zum Betrage von 50 Pf. für jede angefangene Stunde in Rechnung stellen. Vgl. § 14 bei einem statt der Zeugen zugezogenen Notar.

## B. Wertberechnung.

§ 2. Die Vorschriften des Pr.GKG. finden Anwendung (vgl. Seite 11 bis 14).

## C. Mindestbetrag, Abrundung.

§ 3. Der Mindestbetrag einer Gebühr beträgt 1,50 *M*, wenn nicht in der Geb.O. ein anderes bestimmt ist.

Andere Mindestsätze: 10 *M* bei Eheverträgen nach § 40 Abs. 6 Pr.GKG.; 2 *M* bei Versteigerung beweglicher Gegenstände nach § 47 Pr.GKG.; 1 *M* als Wegegebühr bei Wechselprotesten; 1 *M* als Zusatzgebühr nach § 53 Pr.GKG.

Auf die Gebühren nach § 13 für Empfang und Erhebung von Geldern (Wertpapieren) findet die Bestimmung über den Mindestsatz keine Anwendung.

Die Gebühren für die Beurkundung des Zuschlags werden nur dann auf 1,50 *M* erhöht, wenn die Summe dieser Gebühren in dem Versteigerungsverfahren den Mindestsatz nicht erreicht.

Pfennigbeträge einer Gebühr werden nach oben auf 10 abgerundet.

## D. Anwendbarkeit des Pr.GKG.

§ 5. Soweit die Notare für die Geschäfte zuständig sind, über welche der zweite Abschnitt des ersten Teiles (Gerichtliche Urkunden) und der § 67 Nr. 1 (Teilhypothekenbriefe) Pr.GKG. Bestimmung treffen, erhalten sie die dort für die Tätigkeit des Richters festgesetzten Gebühren.

## E. Besondere Gebührenbestimmungen.

Tab. 1.

§ 6. Für Beurkundung am Krankenlager oder in der Zeit von 8 Uhr abends bis 8 Uhr morgens erhält der Notar neben den sonstigen Gebühren zusätzlich . . . . . . . . . . . 5/10 § 33

Treffen beide Voraussetzungen zusammen, so wird die Zusatzgebühr nur einmal erhoben.

Mindestsatz 1,50 *M*; die Zusatzgebühr des § 53 Pr.GKG. oder die erhöhte Gebühr des § 55 Pr.GKG. schließen diese besondere Gebühr nicht aus; der Pauschsatz wird von ihr besonders erhoben.

§ 7. Erteilung der Vollstreckungsklausel nach §§ 726, 727 ZPO. (Eintritt einer anderen Tatsache als einer Sicherheitsleistung oder einer Rechtsnachfolge) und zwar nur in diesen Fällen . . . . . . . 3/10 § 33

§ 8. Ein Entwurf erfordert die gleiche Gebühr wie eine Beurkundung.

Eine Erhöhung der Gebühr tritt nicht ein, wenn der Notar auf Grund des Entwurfs das Rechtsgeschäft beurkundet oder wenn er die Unterschriften (Handzeichen) unter einem von ihm gefertigten Entwurfe beglaubigt. Tab. 1.

Wenn die Beglaubigung sämtlicher Unterschriften aber nicht an demselben Tage erfolgt, werden die Beglaubigungsgebühren für jeden folgenden Tag besonders erhoben.

§ 9. (1) Für die bei den Gerichtsbehörden einzureichenden Anträge zur Erwirkung einer Eintragung in das Grundbuch oder andere gerichtliche Bücher oder Register oder zur Erwirkung von Legalisationen sowie für die Einsendung einer von dem Notar aufgenommenen oder beglaubigten Urkunde können Gebühren nicht gefordert werden, wenn der Notar für die Aufnahme der eingesendeten oder seinen Anträgen zugrunde liegenden Urkunde Gebühren bezieht. Dasselbe gilt, wenn die Urkunde von dem Notar entworfen ist.

(2) Wird der Notar in anderen Fällen mit der im Abs. 1 bezeichneten Tätigkeit beauftragt oder ist es notwendig, mit einem Antrag einen das Sach- und Rechtsverhältnis entwickelnden Vortrag zu verbinden, und wird dessen Einreichung von der Partei verlangt, so erhält er . . . . . . . . . . . . . . . . . . . . . . . 5/10 § 33

(3) Unter Anträgen im Sinne der vorstehenden Bestimmungen sind auch Beschwerden zu verstehen.

**§ 10.** Vermittelung einer Auseinandersetzung (vom Gericht oder von den Beteiligten übertragen) . . . . . . . . . . . . . . . 20/10 B Tab. 6.

Wird das Verfahren nicht durchgeführt oder beschränkt es sich auf die Ermittelung oder Feststellung der Masse, so beträgt die Gebühr . . . . . . . . . . . . . . . . . . . . . . . . . . . . 10/10 B

Neben diesen Gebühren werden besonders erhoben die Gebühren für Beurkundung oder den Entwurf eines das Verfahren abschließenden Vertrags oder eines mit einem Dritten abgeschlossenen Vertrags sowie die Gebühren für Vermögensverzeichnisse, Schätzungen und Versteigerungen.

Ist die Auseinandersetzung dem Notar vom Gericht übertragen, so sind für die Anfertigung des Auseinandersetzungsplans sowie für die Beurkundung der Auseinandersetzung dieselben Gebühren zu erheben, welche für die Beurkundung eines das Verfahren abschließenden Vertrags bestimmt sind (vgl. § 8).

**§ 11 Abs. 1.** Ist die Tätigkeit des Notars in Anspruch genommen, ohne daß das bezweckte Rechtsgeschäft durch ihn vollzogen ist, so erhält er 5/10 — höchstens 20 ℳ — der für das Geschäft bestimmten Gebühr. Ist aber ein Entwurf gefertigt, so ist für diesen nach § 8 zu berechnen.

§ 11 Abs. 2. Vereitelter Termin, der in der Wohnung (Amtsstube) des Notars anberaumt ist (Nichterscheinen, Nichtverhandeln oder Handlungsunfähigkeit eines Beteiligten) . . . . . . . Tab. 1. 3/10 § 33 höchstens 10 M

§ 12. Gebühr für Aufsuchung . . . . . . . . . . . . . . . . 1,50 M

wenn die Rückgabe einer Urkunde, Erteilung einer Ausfertigung, eines Auszugs oder einer Abschrift von einer Urkunde oder die Vorlegung einer Urkunde zur Einsicht ohne deren richtige Bezeichnung länger als ein Jahr nach ihrer Ausstellung beantragt wird.

§ 13. Empfang, Verwahrung und Auszahlung von Geld sowie Empfang, Verwahrung und Ablieferung von Wertpapieren.

| | Tab. 11 bei Geldern | bei Wertpapieren |
|---|---|---|
| Nach der Tabelle 11 sind zu erheben | | |
| 1. im Falle des Empfanges zur Auszahlung (Ablieferung) an dritte Personen für Rechnung des Auftraggebers . . . | 10/10 | 5/10 |
| 2. im Falle der Erhebung von dritten Personen für Rechnung des Auftraggebers . . . . . . . . . . . . | 20/10 | 10/10 |

Der Mindestsatz von 1,50 M findet hier keine Anwendung.

Bei Auszahlung (Ablieferung) oder bei Erhebung in mehreren gesonderten Beträgen werden die Gebühren von jedem Betrage besonders erhoben; das Fünffache der Gebühr des Gesamtbetrags darf in einer Angelegenheit nicht überschritten werden.

Die Gebühren des § 13 werden auf die Gebühr des § 51 Abs. 1 Satz 2 (Zahlung ohne Protestaufnahme) angerechnet.

§ 14. Der zweite Notar, welcher anstatt der Zeugen zugezogen ist, erhält 5/10 der dem beurkundenden Notar zustehenden Gebühr und daneben zutreffenden Falls Tagegelder und Reisekosten oder die Zusatzgebühr nach § 53 Pr.GKG.

Ist die Zuziehung von den Beteiligten nicht ausdrücklich verlangt worden, so kann der beurkundende Notar für die Zuziehung nicht mehr als 1 M für jede angefangene Stunde in Rechnung stellen.

§ 15. Ist für ein Geschäft des Notars eine Gebühr nicht bestimmt, so erhält er . . . . . . . . . . . . . . . . . . . . . Tab. 1. 5/10 § 33

Daneben zutreffenden Falls Tagegelder und Reisekosten oder die Zusatzgebühr nach § 53 Pr.GKG.

§ 16. Für Ausarbeitung eines Gutachtens mit juristischer Begründung steht dem Notar angemessene Vergütung zu; Feststellung der Höhe gegebenenfalls im Prozeßwege.

§ 17. Vermittelung eines hypothekarischen Darlehns — im Bezirk des OLG. zu Cöln und der LG. zu Düsseldorf, Elberfeld, Cleve, Crefeld und München-Gladbach — bis zu 7 500 M einschl. 1%, von dem

Mehrbetrage bis 30000 ℳ einschl. $^1/_2$% und von dem Mehrbetrage darüber hinaus $^1/_4$%, falls nicht eine geringere Gebühr vereinbart ist. Diese Gebühr schließt die Gebühr des § 13 (Gelderhebungsgebühr) aus.

Für die Werte von mehr als 7500 ℳ läßt sich die Gebühr leicht in folgender Weise berechnen:

**1. bei Werten von 7500 bis 30000 ℳ:**

Die Gebühr beträgt $^1/_2$% des Kapitalbetrags + 37,50 ℳ; also z. B.

bei 28000 ℳ: $\frac{280,00}{2} + 37,50 = 177,50$ ℳ.

**2. bei Werten über 30000 ℳ:**

Die Gebühr beträgt $^1/_4$% des Kapitalbetrags + 112,50 ℳ; also z. B.

bei 160000 ℳ: $\frac{1600,00}{4} + 112,50 = 512,50$ ℳ.

§ 18. Soweit es den Notaren gestattet ist, die persönliche Haftung für von ihnen zu erhebende Kauf- und Pachtgelder zu übernehmen, erhält der Notar für seine gesamte Tätigkeit, falls nicht eine geringere Vergütung vereinbart ist,

| | | |
|---|---|---|
| 1. bei Versteigerungen beweglicher Gegenstände . . | 5% | des Erlöses, |
| 2. „ „ unbeweglicher „ . . | 1% | |
| 3. „ bei Verpachtungen im Wege der Versteigerung | 2% | der erhobenen Pachtgelder. |

§ 26. Vereinbarung der Vergütung des Notars kann, abweichend von den Vorschriften der GebO., durch Vertrag erfolgen, wenn es sich handelt

1. um die Beurkundung von letztwilligen Verfügungen, Erbverträgen, Fideikommiß- oder Familienstiftungen, Familienschlüssen, Satzungen oder Beschlüssen von Korporationen, Vereinen, Gewerkschaften, Gesellschaften oder Genossenschaften oder der Organe derselben (Aufsichtsräte usw.);
2. um die Entwürfe der zu 1 bezeichneten Beurkundungen;
3. um eine von den Beteiligten dem Notar übertragene Vermittelung einer Auseinandersetzung;
4. um die Beurkundung des Hergangs bei Verlosungen, bei Auslosung oder Vernichtung von Wertpapieren und bei Wahlversammlungen;
5. um die Geschäfte nach §§ 13 (Geldempfang) oder 15 (nicht tarifierte Geschäfte).

Die vereinbarte Vergütung schließt den Ansatz von Auslagen (auch des Pauschsatzes) aus, wenn nicht ein anderes vereinbart ist.

Der Auftraggeber ist an die Vereinbarung nur gebunden, soweit er sie schriftlich geschlossen hat. Hat der Notar durch den Vertragsschluß die Grenzen der Mäßigung überschritten, so kann die durch Vertrag festgesetzte Vergütung im Prozeßwege bis auf die gesetzlichen Beträge herabgesetzt werden.

III.

# Tabellen.

Die Tabellen sind in der Regel bis zu Werten von 100 000 M vollständig durchgeführt; für höhere Werte lassen sich die Gebühren leicht nach folgenden Beispielen berechnen:

## Tabelle 1.

### $^{10}/_{10}$ § 33 von 200 000 M:

| A. | | B. | |
|---|---|---|---|
| von 100 000 M | 45 M | von + 200 000 M | 30 M |
| „ + 100 000 „ | 15 „ | Stammsatz | 30 „ |
| zus. | 60 M | zus. | 60 M |

### $^{4}/_{10}$ § 33 von 3 400 000 M:

| A. | | B. | |
|---|---|---|---|
| von 100 000 M | 18 M | von + 3 000 000 M (10 × 300 000) | 180 M |
| „ + 3 000 000 „ (10 × 300 000) | 180 „ | „ + 400 000 M | 24 „ |
| „ + 300 000 M | 18 „ | Stammsatz | 12 „ |
| zus. | 216 M | zus. | 216 M |

### $^{3}/_{10}$ § 33 von 30 000 000 M:

B.

| | |
|---|---|
| von + 30 000 000 M (100 × 300 000 M = | 1 350 M |
| Stammsatz | 9 „ |
| zus. | 1 359 M |

**Bemerkung.** Bei der Berechnung B wird die Tabelle für die Werte von mehr als 100 000 M auf den Gesamtwert angewendet und der am Fuße der Tabelle vermerkte Stammsatz hinzugerechnet. Der Stammsatz ist der Unterschied zwischen der Gebühr für weitere 100 000 M und der Gebühr für die ersten 100 000 M.

Um sicher zu gehen, empfiehlt es sich, die Gebührenberechnung nach beiden Beispielen vorzunehmen.

# Tabelle 1.

## Gebührenreihe des § 33.

| Wertklasse bis einschließlich ℳ | 20/10 ℳ | 15/10 ℳ | 10/10 ℳ | 5/10 ℳ | 4/10 ℳ | 3/10 ℳ | 2/10 ℳ |
|---|---|---|---|---|---|---|---|
| 1 | 2 | 3 | 4 | 5 | 6 | 7 | 8 |
| 20 | · 0,80 | · 0,60 | · 0,50 | · 0,50 | | | |
| 60 | · 1,40 | · 1,10 | · 0,70 | | · 0,50 | · 0,50 | |
| 120 | 2,40 | 1,80 | · 1,20 | · 0,60 | | | · 0,50 |
| 200 | 3,60 | 2,70 | 1,80 | · 0,90 | · 0,80 | · 0,60 | |
| 300 | 4,80 | 3,60 | 2,40 | · 1,20 | · 1 | · 0,80 | |
| 450 | 6 | 4,50 | 3 | 1,50 | · 1,20 | · 0,90 | . 0,60 |
| 650 | 7,20 | 5,40 | 3,60 | 1,80 | 1,50 | · 1,10 | . 0,80 |
| 900 | 8,40 | 6,30 | 4,20 | 2,10 | 1,70 | 1,30 | . 0,90 |
| 1 200 | 10 | 7,50 | 5 | 2,50 | 2 | 1,50 | . 1 |
| 1 600 | 12 | 9 | 6 | 3 | 2,40 | 1,80 | . 1,20 |
| 2 100 | 15 | 11,30 | 7,50 | 3,80 | 3 | 2,30 | 1,50 |
| 2 700 | 17 | 12,80 | 8,50 | 4,30 | 3,40 | 2,60 | 1,70 |
| 3 400 | 19 | 14,30 | 9,50 | 4,80 | 3,80 | 2,90 | 1,90 |
| 4 300 | 21 | 15,80 | 10,50 | 5,30 | 4,20 | 3,20 | 2,10 |
| 5 400 | 23 | 17,30 | 11,50 | 5,80 | 4,60 | 3,50 | 2,30 |
| 6 700 | 26 | 19,50 | 13 | 6,50 | 5,20 | 3,90 | 2,60 |
| 8 200 | 28 | 21 | 14 | 7 | 5,60 | 4,20 | 2,80 |
| 10 000 | 31 | 23,30 | 15,50 | 7,80 | 6,20 | 4,70 | 3,10 |
| 12 000 | 34 | 25,50 | 17 | 8,50 | 6,80 | 5,10 | 3,40 |
| 14 000 | 36 | 27 | 18 | 9 | 7,20 | 5,40 | 3,60 |
| 16 000 | 38 | 28,50 | 19 | 9,50 | 7,60 | 5,70 | 3,80 |
| 18 000 | 40 | 30 | 20 | 10 | 8 | 6 | 4 |
| 20 000 | 42 | 31,50 | 21 | 10,50 | 8,40 | 6,30 | 4,20 |
| 22 000 | 44 | 33 | 22 | 11 | 8,80 | 6,60 | 4,40 |
| 24 000 | 46 | 34,50 | 23 | 11,50 | 9,20 | 6,90 | 4,60 |
| 26 000 | 48 | 36 | 24 | 12 | 9,60 | 7,20 | 4,80 |
| 28 000 | 50 | 37,50 | 25 | 12,50 | 10 | 7,50 | 5 |
| 30 000 | 52 | 39 | 26 | 13 | 10,40 | 7,80 | 5,20 |
| 35 000 | 58 | 43,50 | 29 | 14,50 | 11,60 | 8,70 | 5,80 |
| 40 000 | 64 | 48 | 32 | 16 | 12,80 | 9,60 | 6,40 |

## Noch: Tabelle 1. — Gebührenreihe des § 33.

| Wertklasse bis einschließlich ℳ | 20/10 ℳ | 15/10 ℳ | 10/10 ℳ | 5/10 ℳ | 4/10 ℳ | 3/10 ℳ | 2/10 ℳ |
|---|---|---|---|---|---|---|---|
| 1 | 2 | 3 | 4 | 5 | 6 | 7 | 8 |
| 50 000 | 70 | 52,50 | 35 | 17,50 | 14 | 10,50 | 7 |
| 60 000 | 74 | 55,50 | 37 | 18,50 | 14,80 | 11,10 | 7,40 |
| 70 000 | 78 | 58,50 | 39 | 19,50 | 15,60 | 11,70 | 7,80 |
| 80 000 | 82 | 61,50 | 41 | 20,50 | 16,40 | 12,30 | 8,20 |
| 90 000 | 86 | 64,50 | 43 | 21,50 | 17,20 | 12,90 | 8,60 |
| 100 000 | 90 | 67,50 | 45 | 22,50 | 18 | 13,50 | 9 |
| usw. mehr von weiteren je | | *) | | *) | | *) | |
| + 10 000 | 3 | + 2,25 | + 1,50 | + 0,75 | + 0,60 | + 0,45 | + 0,30 |
| + 20 000 | 6 | + 4,50 | + 3 | + 1,50 | + 1,20 | + 0,90 | + 0,60 |
| + 30 000 | 9 | + 6,75 | + 4,50 | + 2,25 | + 1,80 | + 1,35 | + 0,90 |
| + 40 000 | 12 | + 9 | + 6 | + 3 | + 2,40 | + 1,80 | + 1,20 |
| + 50 000 | 15 | + 11,25 | + 7,50 | + 3,75 | + 3 | + 2,25 | + 1,50 |
| + 60 000 | 18 | + 13,50 | + 9 | + 4,50 | + 3,60 | + 2,70 | + 1,80 |
| + 70 000 | 21 | + 15,75 | + 10,50 | + 5,25 | + 4,20 | + 3,15 | + 2,10 |
| + 80 000 | 24 | + 18 | + 12 | + 6 | + 4,80 | + 3,60 | + 2,40 |
| + 90 000 | 27 | + 20,25 | + 13,50 | + 6,75 | + 5,40 | + 4,05 | + 2,70 |
| + 100 000 | 30 | + 22,50 | + 15 | + 7,50 | + 6 | + 4,50 | + 3 |
| + 200 000 | 60 | + 45 | + 30 | + 15 | + 12 | + 9 | + 6 |
| + 300 000 | 90 | + 67,50 | + 45 | + 22,50 | + 18 | + 13,50 | + 9 |
| + 400 000 | 120 | + 90 | + 60 | + 30 | + 24 | + 18 | + 12 |
| + 500 000 | 150 | + 112,50 | + 75 | + 37,50 | + 30 | + 22,50 | + 15 |
| + 600 000 | 180 | + 135 | + 90 | + 45 | + 36 | + 27 | + 18 |
| + 700 000 | 210 | + 157,50 | + 105 | + 52,50 | + 42 | + 31,50 | + 21 |
| + 800 000 | 240 | + 180 | + 120 | + 60 | + 48 | + 36 | + 24 |
| + 900 000 | 270 | + 202,50 | + 135 | + 67,50 | + 54 | + 40,50 | + 27 |
| + 1 000 000 | 300 | + 225 | + 150 | + 75 | + 60 | + 45 | + 30 |
| Stammsatz | 60 | 45 | 30 | 15· | 12 | 9 | 6 |

*) Die Pfennigbeträge der sich ergebenden Gebühr sind nach oben auf 10 abzurunden.

Dem Notar steht, abgesehen von der Zusatzgebühr nach § 53, eine Mindestgebühr von 1,50 ℳ zu; soweit sich in der Tabelle ein Punkt (.) vor dem Gebührensatze befindet, sind 1,50 ℳ zu erheben.

**Beispiel zur Berechnung bei Werten von mehr als 100 000 ℳ siehe Seite 47.**

# Tabelle 2.

## Nach §§ 55 und 86 Abs. 5 um 1/4 erhöhte Gebühren.
(Erklärung in fremder Sprache).

| Wertklasse bis einschließlich | Gebühren nach § 33 um 1/4 erhöht | | | | | | Gebühren nach § 57A um 1/4 erhöht | | Gebühren nach § 57B um 1/4 erhöht | |
|---|---|---|---|---|---|---|---|---|---|---|
| | 20/10 | 15/10 | 10/10 | 5/10 | 4/10 | 3/10 | 10/10 | 5/10 | 30/10 | 20/10 |
| ℳ | ℳ | ℳ | ℳ | ℳ | ℳ | ℳ | ℳ | ℳ | ℳ | ℳ |
| 1 | 2 | 3 | 4 | 5 | 6 | 7 | 8 | 9 | 10 | 11 |
| 20 | • 1 | • 0,80 | • 0,50 | • 0,50 | • 0,50 | • 0,50 | 0,50 | 0,50 | 0,80 | 0,50 |
| 60 | 1,80 | • 1,40 | • 0,90 | | | | 0,90 | | 1,50 | 1 |
| 120 | 3 | 2,30 | 1,50 | • 0,80 | • 0,60 | | 1,30 | 0,70 | 2,30 | 1,50 |
| 200 | 4,50 | 3,40 | 2,30 | • 1,20 | • 0,90 | • 0,70 | 1,90 | 1 | 3,80 | 2,50 |
| 300 | 6 | 4,50 | 3 | 1,50 | • 1,20 | • 0,90 | 2,50 | 1,30 | 5,30 | 3,50 |
| 450 | 7,50 | 5,70 | 3,80 | 1,90 | 1,50 | • 1,20 | 3,30 | 1,70 | 7,20 | 4,80 |
| 650 | 9 | 6,80 | 4,50 | 2,30 | 1,80 | • 1,40 | 4 | 2 | 9 | 6 |
| 900 | 10,50 | 7,90 | 5,30 | 2,70 | 2,10 | 1,60 | 5 | 2,50 | 10,90 | 7,30 |
| 1 200 | 12,50 | 9,40 | 6,30 | 3,20 | 2,50 | 1,90 | 6 | 3 | 12,80 | 8,50 |
| 1 600 | 15 | 11,30 | 7,50 | 3,80 | 3 | 2,30 | 7,50 | 3,80 | 15 | 10 |
| 2 100 | 18,80 | 14,10 | 9,40 | 4,70 | 3,80 | 2,90 | 9,40 | 4,70 | 18 | 12 |
| 2 700 | 21,30 | 16 | 10,70 | 5,40 | 4,30 | 3,20 | 11,30 | 5,70 | 21,80 | 14,50 |
| 3 400 | 23,80 | 17,90 | 11,90 | 6 | 4,80 | 3,60 | 13,20 | 6,60 | 25,50 | 17 |
| 4 300 | 26,30 | 19,70 | 13,20 | 6,60 | 5,30 | 4 | 15 | 7,50 | 30 | 20 |
| 5 400 | 28,80 | 21,60 | 14,40 | 7,20 | 5,80 | 4,40 | 16,90 | 8,50 | 34,50 | 23 |
| 6 700 | 32,50 | 24,40 | 16,30 | 8,20 | 6,50 | 4,90 | 19,40 | 9,70 | 39 | 26 |
| 8 200 | 35 | 26,30 | 17,50 | 8,80 | 7 | 5,30 | 21,90 | 11 | 43,50 | 29 |
| 10 000 | 38,80 | 29,10 | 19,40 | 9,70 | 7,80 | 5,90 | 25 | 12,50 | 48,80 | 32,50 |
| 12 000 | 42,50 | 31,90 | 21,30 | 10,70 | 8,50 | 6,40 | 28,20 | 14,10 | 56,30 | 37,50 |
| 14 000 | 45 | 33,80 | 22,50 | 11,30 | 9 | 6,80 | 31,30 | 15,70 | 63,80 | 42,50 |
| 16 000 | 47,50 | 35,70 | 23,80 | 11,90 | 9,50 | 7,20 | 34,40 | 17,20 | 71,30 | 47,50 |
| 18 000 | 50 | 37,50 | 25 | 12,50 | 10 | 7,50 | 37,50 | 18,80 | 78,80 | 52,50 |
| 20 000 | 52,50 | 39,40 | 26,30 | 13,20 | 10,50 | 7,90 | 40,70 | 20,40 | 86,30 | 57,50 |
| 22 000 | 55 | 41,30 | 27,50 | 13,80 | 11 | 8,30 | 43,80 | 21,90 | 93,80 | 62,50 |
| 24 000 | 57,50 | 43,20 | 28,80 | 14,40 | 11,50 | 8,70 | 46,90 | 23,50 | 101,30 | 67,50 |
| 26 000 | 60 | 45 | 30 | 15 | 12 | 9 | 50 | 25 | 108,80 | 72,50 |
| 28 000 | 62,50 | 46,90 | 31,30 | 15,70 | 12,50 | 9,40 | 53,20 | 26,60 | 116,30 | 77,50 |
| 30 000 | 65 | 48,80 | 32,50 | 16,30 | 13 | 9,80 | 56,30 | 28,20 | 123,80 | 82,50 |
| 35 000 | 72,50 | 54,40 | 36,30 | 18,20 | 14,50 | 10,90 | 63,80 | 31,90 | 142,50 | 95 |
| 40 000 | 80 | 60 | 40 | 20 | 16 | 12 | 71,30 | 35,70 | 161,30 | 107,50 |

## Noch: Tabelle 2. — Nach §§ 55 u. 86 Abs. 5 um 1/4 erhöhte Gebühren.

| Wertklasse bis einschließlich | Gebühren nach § 33 um 1/4 erhöht | | | | | | Gebühren nach § 57A um 1/4 erhöht | | Gebühren nach § 57B um 1/4 erhöht | |
|---|---|---|---|---|---|---|---|---|---|---|
| | 20/10 | 15/10 | 10/10 | 5/10 | 4/10 | 3/10 | 10/10 | 5/10 | 30/10 | 20/10 |
| ℳ | ℳ | ℳ | ℳ | ℳ | ℳ | ℳ | ℳ | ℳ | ℳ | ℳ |
| 1 | 2 | 3 | 4 | 5 | 6 | 7 | 8 | 9 | 10 | 11 |
| 50 000 | 87,50 | 65,70 | 43,80 | 21,90 | 17,50 | 13,20 | 81,30 | 40,70 | 187,50 | 125 |
| 60 000 | 92,50 | 69,40 | 46,30 | 23,20 | 18,50 | 13,90 | 90 | 45 | 213,80 | 142,50 |
| 70 000 | 97,50 | 73,20 | 48,80 | 24,40 | 19,50 | 14,70 | 98,80 | 49,40 | 240 | 160 |
| 80 000 | 102,50 | 76,90 | 51,30 | 25,70 | 20,50 | 15,40 | 107,50 | 53,80 | 266,30 | 177,50 |
| 90 000 | 107,50 | 80,70 | 53,80 | 26,90 | 21,50 | 16,20 | 116,30 | 58,20 | 292,50 | 195 |
| 100 000 usw. | 112,50 | *) 84,375 | *) 56,25 | *) 28,125 | 22,50 | *) 16,875 | 125 | 62,50 | 318,80 | 212,50 |
| **mehr** von weiteren je | *) | *) | *) | *) | *) | *) | | | | |
| + 10 000 | + 3,75 | + 2,8125 | + 1,875 | + 0,9375 | + 0,75 | + 0,5625 | + 10 | + 5 | + 30 | + 20 |
| + 20 000 | + 7,50 | + 5,625 | + 3,75 | + 1,875 | + 1,50 | + 1,125 | + 20 | + 10 | + 60 | + 40 |
| + 30 000 | + 11,25 | + 8,4375 | + 5,625 | + 2,8125 | + 2,25 | + 1,6875 | + 30 | + 15 | + 90 | + 60 |
| + 40 000 | + 15 | + 11,25 | + 7,50 | + 3,75 | + 3 | + 2,25 | + 40 | + 20 | + 120 | + 80 |
| + 50 000 | + 18,75 | + 14,0625 | + 9,375 | + 4,6875 | + 3,75 | + 2,8125 | + 50 | + 25 | + 150 | + 100 |
| + 60 000 | + 22,50 | + 16,875 | + 11,25 | + 5,625 | + 4,50 | + 3,375 | + 60 | + 30 | + 180 | + 120 |
| + 70 000 | + 26,25 | + 19,6875 | + 13,125 | + 6,5625 | + 5,25 | + 3,9375 | + 70 | + 35 | + 210 | + 140 |
| + 80 000 | + 30 | + 22,50 | + 15 | + 7,50 | + 6 | + 4,50 | + 80 | + 40 | + 240 | + 160 |
| + 90 000 | + 33,75 | + 25,3125 | + 16,875 | + 8,4375 | + 6,75 | + 5,0625 | + 90 | + 45 | + 270 | + 180 |
| + 100 000 | + 37,50 | + 28,125 | + 18,75 | + 9,375 | + 7,50 | + 5,625 | + 100 | + 50 | + 300 | + 200 |
| + 200 000 | + 75 | + 56,25 | + 37,50 | + 18,75 | + 15 | + 11,25 | + 200 | + 100 | + 600 | + 400 |
| + 300 000 | + 112,50 | + 84,375 | + 56,25 | + 28,125 | + 22,50 | + 16,875 | + 300 | + 150 | + 900 | + 600 |
| + 400 000 | + 150 | + 112,50 | + 75 | + 37,50 | + 30 | + 22,50 | + 400 | + 200 | + 1200 | + 800 |
| + 500 000 | + 187,50 | + 140,625 | + 93,75 | + 46,875 | + 37,50 | + 28,125 | + 500 | + 250 | + 1500 | + 1000 |
| + 600 000 | + 225 | + 168,75 | + 112,50 | + 56,25 | + 45 | + 33,75 | + 600 | + 300 | + 1800 | + 1200 |
| + 700 000 | + 262,50 | + 196,875 | + 131,25 | + 65,625 | + 52,50 | + 39,375 | + 700 | + 350 | + 2100 | + 1400 |
| + 800 000 | + 300 | + 225 | + 150 | + 75 | + 60 | + 45 | + 800 | + 400 | + 2400 | + 1600 |
| + 900 000 | + 337,50 | + 253,125 | + 168,75 | + 84,375 | + 67,50 | + 50,625 | + 900 | + 450 | + 2700 | + 1800 |
| + 1 000 000 | + 375 | + 281,25 | + 187,50 | + 93,75 | + 75 | + 56,25 | + 1000 | + 500 | + 3000 | + 2000 |
| Stammsatz | 75 | 56,25 | 37,50 | 18,75 | 15 | 11,25 | 25 | 12,50 | 18,80 | 12,50 |

*) Die Pfennigbeträge der sich ergebenden Gebühr sind nach oben auf 10 abzurunden.

Dem Notar steht eine Mindestgebühr von 1,50 ℳ zu; soweit sich in der Tabelle ein Punkt (.) vor dem Gebührensatze befindet, sind 1,50 ℳ zu erheben.

**Beispiel zur Berechnung bei Werten von mehr als 100 000 ℳ siehe Seite 47.**

# Tabelle 3.

**Versteigerung von beweglichen Sachen,**

von Früchten auf dem Halme und von Holz auf dem Stamme sowie von Forderungen oder sonstigen Vermögensrechten (§ 47).

| Erlös bis einschl. ℳ | Gebühr ℳ | Erlös bis einschl. ℳ | Gebühr ℳ | Erlös bis einschl. ℳ | Gebühr ℳ | Erlös bis einschl. ℳ | Gebühr ℳ |
|---|---|---|---|---|---|---|---|
| 40 | 2 | 1 900 | 34 | 5 600 | 68 | 15 500 | 101 |
| 60 | 3 | 2 000 | 35 | 5 800 | 69 | 16 000 | 102 |
| 80 | 4 | 2 100 | 36 | 6 000 | 70 | 16 500 | 103 |
| 100 | 5 | 2 200 | 37 | 6 200 | 71 | 17 000 | 104 |
| $133\frac{1}{3}$ | 6 | 2 300 | 38 | 6 400 | 72 | 17 500 | 105 |
| $166\frac{2}{3}$ | 7 | 2 400 | 39 | 6 600 | 73 | 18 000 | 106 |
| 200 | 8 | 2 500 | 40 | 6 800 | 74 | 18 500 | 107 |
| $233\frac{1}{3}$ | 9 | 2 600 | 41 | 7 000 | 75 | 19 000 | 108 |
| $266\frac{2}{3}$ | 10 | 2 700 | 42 | 7 200 | 76 | 19 500 | 109 |
| 300 | 11 | 2 800 | 43 | 7 400 | 77 | 20 000 | 110 |
| 350 | 12 | 2 900 | 44 | 7 600 | 78 | 20 500 | 111 |
| 400 | 13 | 3 000 | 45 | 7 800 | 79 | 21 000 | 112 |
| 450 | 14 | 3 100 | 46 | 8 000 | 80 | 21 500 | 113 |
| 500 | 15 | 3 200 | 47 | 8 200 | 81 | 22 000 | 114 |
| 550 | 16 | 3 300 | 48 | 8 400 | 82 | 22 500 | 115 |
| 600 | 17 | 3 400 | 49 | 8 600 | 83 | 23 000 | 116 |
| 650 | 18 | 3 500 | 50 | 8 800 | 84 | 23 500 | 117 |
| 700 | 19 | 3 600 | 51 | 9 000 | 85 | 24 000 | 118 |
| 750 | 20 | 3 700 | 52 | 9 200 | 86 | 24 500 | 119 |
| 800 | 21 | 3 800 | 53 | 9 400 | 87 | 25 000 | 120 |
| 850 | 22 | 3 900 | 54 | 9 600 | 88 | 25 500 | 121 |
| 900 | 23 | 4 000 | 55 | 9 800 | 89 | 26 000 | 122 |
| 950 | 24 | 4 100 | 56 | 10 000 | 90 | 26 500 | 123 |
| 1 000 | 25 | 4 200 | 57 | 10 500 | 91 | 27 000 | 124 |
| 1 100 | 26 | 4 300 | 58 | 11 000 | 92 | 27 500 | 125 |
| 1 200 | 27 | 4 400 | 59 | 11 500 | 93 | 28 000 | 126 |
| 1 300 | 28 | 4 500 | 60 | 12 000 | 94 | 28 500 | 127 |
| 1 400 | 29 | 4 600 | 61 | 12 500 | 95 | 29 000 | 128 |
| 1 500 | 30 | 4 700 | 62 | 13 000 | 96 | 29 500 | 129 |
| 1 600 | 31 | 4 800 | 63 | 13 500 | 97 | 30 000 | 130 |
| 1 700 | 32 | 4 900 | 64 | 14 000 | 98 | 30 500 | 131 |
| 1 800 | 33 | 5 000 | 65 | 14 500 | 99 | 31 000 | 132 |
| | | 5 200 | 66 | 15 000 | 100 | 31 500 | 133 |
| | | 5 400 | 67 | | | 32 000 | 134 |

Noch: Tabelle 3. Versteigerung von beweglichen Sachen usw.

| Erlös bis einschl. ℳ | Gebühr ℳ | Erlös bis einschl. ℳ | Gebühr ℳ | Erlös bis einschl. ℳ | Gebühr ℳ | Erlös bis einschl. ℳ | Gebühr ℳ |
|---|---|---|---|---|---|---|---|
| 32 500 | 135 | 45 500 | 161 | 66 000 | 186 | 91 000 | 211 |
| 33 000 | 136 | 46 000 | 162 | 67 000 | 187 | 92 000 | 212 |
| 33 500 | 137 | 46 500 | 163 | 68 000 | 188 | 93 000 | 213 |
| 34 000 | 138 | 47 000 | 164 | 69 000 | 189 | 94 000 | 214 |
| 34 500 | 139 | 47 500 | 165 | 70 000 | 190 | 95 000 | 215 |
| 35 000 | 140 | 48 000 | 166 | 71 000 | 191 | 96 000 | 216 |
| 35 500 | 141 | 48 500 | 167 | 72 000 | 192 | 97 000 | 217 |
| 36 000 | 142 | 49 000 | 168 | 73 000 | 193 | 98 000 | 218 |
| 36 500 | 143 | 49 500 | 169 | 74 000 | 194 | 99 000 | 219 |
| 37 000 | 144 | 50 000 | 170 | 75 000 | 195 | 100 000 | 220 |
| 37 500 | 145 | 51 000 | 171 | 76 000 | 196 | usw. mehr von weiteren je | |
| 38 000 | 146 | 52 000 | 172 | 77 000 | 197 | + 2 000 | + 1 |
| 38 500 | 147 | 53 000 | 173 | 78 000 | 198 | + 4 000 | + 2 |
| 39 000 | 148 | 54 000 | 174 | 79 000 | 199 | + 6 000 | + 3 |
| 39 500 | 149 | 55 000 | 175 | 80 000 | 200 | + 8 000 | + 4 |
| 40 000 | 150 | 56 000 | 176 | 81 000 | 201 | + 10 000 | + 5 |
| 40 500 | 151 | 57 000 | 177 | 82 000 | 202 | + 20 000 | + 10 |
| 41 000 | 152 | 58 000 | 178 | 83 000 | 203 | + 30 000 | + 15 |
| 41 500 | 153 | 59 000 | 179 | 84 000 | 204 | + 40 000 | + 20 |
| 42 000 | 154 | 60 000 | 180 | 85 000 | 205 | + 50 000 | + 25 |
| 42 500 | 155 | 61 000 | 181 | 86 000 | 206 | + 60 000 | + 30 |
| 43 000 | 156 | 62 000 | 182 | 87 000 | 207 | + 70 000 | + 35 |
| 43 500 | 157 | 63 000 | 183 | 88 000 | 208 | + 80 000 | + 40 |
| 44 000 | 158 | 64 000 | 184 | 89 000 | 209 | + 90 000 | + 45 |
| 44 500 | 159 | 65 000 | 185 | 90 000 | 210 | + 100 000 | + 50 |
| 45 000 | 160 | | | | | Stammsatz | 170 |

**Bei einem Erlöse von mehr als 100 000 ℳ** beträgt die Gebühr: $^1/_{20}\%$ + 170 ℳ; also z. B. bei 180 000 ℳ: $\frac{180{,}000}{2} + 170 = 260$ ℳ.

Die Gebühren der vorstehenden Tabelle sind nach dem zusammenzurechnenden Werte der Gegenstände zu erheben (§ 47 Abs. 1).

Aus dem an das Gericht bezahlten Erlöse sind die Kosten vorweg zu entnehmen (§ 47 Abs. 2).

**Beispiel zur Berechnung bei Werten von mehr als 100 000 ℳ siehe Seite 47.**

# Tabelle 4.

## Aufnahme von Vermögensverzeichnissen, Vornahme von Siegelungen oder Entsiegelungen (§ 50).

| Wertklasse bis einschl. | Gebühr bei einem Zeitaufwande bis zu | | | | | | | | | für jede weitere Stunde | Wertklasse bis einschl. |
|---|---|---|---|---|---|---|---|---|---|---|---|
| | 2 Stunden | 3 Stunden | 4 Stunden | 5 Stunden | 6 Stunden | 7 Stunden | 8 Stunden | 9 Stunden | 10 Stunden | | |
| ℳ | ℳ | ℳ | ℳ | ℳ | ℳ | ℳ | ℳ | ℳ | ℳ | ℳ | ℳ |
| 1 | 2 | 3 | 4 | 5 | 6 | 7 | 8 | 9 | 10 | 11 | 12 |
| 50 | • 1 | • 1,30 | 1,50 | 1,80 | 2 | 2,30 | 2,50 | 2,80 | 3 | + 0,25 | 50 |
| 100 | 2 | 2,50 | 3 | 3,50 | 4 | 4,50 | 5 | 5,50 | 6 | + 0,50 | 100 |
| 300 | 3 | 3,80 | 4,50 | 5,30 | 6 | 6,80 | 7,50 | 8,30 | 9 | + 0,75 | 300 |
| 1 000 | 4 | 5 | 6 | 7 | 8 | 9 | 10 | 11 | 12 | + 1 | 1 000 |
| 2 500 | 5 | 6,30 | 7,50 | 8,80 | 10 | 11,30 | 12,50 | 13,80 | 15 | + 1,25 | 2 500 |
| 5 000 | 6 | 7,50 | 9 | 10,50 | 12 | 13,50 | 15 | 16,50 | 18 | + 1,50 | 5 000 |
| 7 500 | 7 | 8,80 | 10,50 | 12,30 | 14 | 15,80 | 17,50 | 19,30 | 21 | + 1,75 | 7 500 |
| 10 000 | 8 | 10 | 12 | 14 | 16 | 18 | 20 | 22 | 24 | + 2 | 10 000 |
| 15 000 | 9 | 11,30 | 13,50 | 15,80 | 18 | 20,30 | 22,50 | 24,80 | 27 | + 2,25 | 15 000 |
| 20 000 | 10 | 12,50 | 15 | 17,50 | 20 | 22,50 | 25 | 27,50 | 30 | + 2,50 | 20 000 |
| 30 000 | 11 | 13,80 | 16,50 | 19,80 | 22 | 24,80 | 27,50 | 30,30 | 33 | + 2,75 | 30 000 |
| 40 000 | 12 | 15 | 18 | 21 | 24 | 27 | 30 | 33 | 36 | + 3 | 40 000 |
| 50 000 | 13 | 16,30 | 19,50 | 22,80 | 26 | 29,30 | 32,50 | 35,80 | 39 | + 3,25 | 50 000 |
| 60 000 | 14 | 17,50 | 21 | 24,50 | 28 | 31,50 | 35 | 38,50 | 42 | + 3,50 | 60 000 |
| 70 000 | 15 | 18,80 | 22,50 | 26,30 | 30 | 33,80 | 37,50 | 41,30 | 45 | + 3,75 | 70 000 |
| 80 000 | 16 | 20 | 24 | 28 | 32 | 36 | 40 | 44 | 48 | + 4 | 80 000 |
| 90 000 | 17 | 21,30 | 25,50 | 29,80 | 34 | 38,30 | 42,50 | 46,80 | 51 | + 4,25 | 90 000 |
| 100 000 | 18 | 22,50 | 27 | 31,50 | 36 | 40,50 | 45 | 49,50 | 54 | + 4,50 | 100 000 |
| usw. **mehr** von weiteren je + 10 000 | + 1 | *) + 1,25 | + 1,50 | *) + 1,75 | + 2 | *) + 2,25 | + 2,50 | *) + 2,75 | + 3 | *) + 0,25 | usw. **mehr** von weiteren je + 10 000 |
| | | | | | | | | | | + 0,50 | + 20 000 |
| | | | | | | | | | | + 0,75 | + 30 000 |
| | | | | | | | | | | + 1 | + 40 000 |
| | | | | | | | | | | + 1,25 | + 50 000 |
| | | | | | | | | | | + 1,50 | + 60 000 |
| | | | | | | | | | | + 1,75 | + 70 000 |
| | | | | | | | | | | + 2 | + 80 000 |
| | | | | | | | | | | + 2,25 | + 90 000 |
| | | | | | | | | | | + 2,50 | + 100 000 |

*) Die Pfennigbeträge der sich ergebenden Gebühr sind nach oben auf 10 abzurunden.

Beim Notar (•) mindestens 1,50 ℳ.

Bei einem größeren Zeitaufwand oder bei einem höheren Werte als 100 000 ℳ läßt sich die Gebühr am einfachsten berechnen, wenn man die Zahl der Stunden um 2 erhöht und mit der gewonnenen Zahl den + Betrag der Sp. 11 vervielfältigt. Z. B. Wert 150 000 ℳ, Zeitaufwand 18 Stunden: Gebühr = 20 × (4,50 + 1,25) = 115 ℳ.

Für Siegelungen und Entsiegelungen sowie für eine mit ihnen verbundene Aufnahme eines Vermögensverzeichnisses gelangt nur eine Gebühr nach dem Gesamtzeitaufwande zum Ansatz (§ 50 Abs. 3).

**Beispiel zur Berechnung bei Werten von mehr als 100 000 ℳ siehe Seite 47.**

# Tabelle 5.

## Wechselproteste (§ 51).

### a) Aufnahme durch einen Richter (Notar).

| Wertklasse bis einschließlich | Protest- | Wege- |
|---|---|---|
| | Gebühr | |
| M | M | M |
| 1 | 2 | 3 |
| | | *) |
| 20 | • 0,50 | 1 |
| 60 | • 0,70 | 1 |
| 120 | • 1,20 | 1 |
| 200 | 1,80 | 1 |
| 300 | 2,40 | 1 |
| 450 | 3 | 1 |
| 650 | 3,60 | 1 |
| 900 | 4,20 | 1 |
| 1 200 | 5 | 1 |
| 1 600 | 6 | 1 |
| 2 100 | 7,50 | 1 |
| 2 700 | 8,50 | 1 |
| 3 400 | 9,50 | 1 |
| 4 300 | 10,50 | 1,10 |
| 5 400 | 11,50 | 1,20 |
| 6 700 | 13 | 1,30 |

| Wertklasse bis einschließlich | Protest- | Wege- |
|---|---|---|
| | Gebühr | |
| M | M | M |
| 1 | 2 | 3 |
| 8 200 | 14 | 1,40 |
| 10 000 | 15,50 | 1,60 |
| 12 000 | 17 | 1,70 |
| 14 000 | 18 | 1,80 |
| 16 000 | 19 | 1,90 |
| 18 000 | 20 | 2 |
| 20 000 | 21 | 2,10 |
| 22 000 | 22 | 2,20 |
| 24 000 | 23 | 2,30 |
| 26 000 | 24 | 2,40 |
| 28 000 | 25 | 2,50 |
| 30 000 | 26 | 2,60 |
| 35 000 | 29 | 2,90 |
| 40 000 | 32 | 3,20 |
| 50 000 | 35 | 3,50 |
| 60 000 | 37 | 3,70 |

| Wertklasse bis einschließlich | Protest- | Wege- |
|---|---|---|
| | Gebühr | |
| M | M | M |
| 1 | 2 | 3 |
| 70 000 | 39 | 3,90 |
| 80 000 | 41 | 4,10 |
| 90 000 | 43 | 4,30 |
| 100 000 | 45 | 4,50 |
| usw. **mehr** von weiteren je | | **) |
| + 10 000 | + 1,50 | +0,15 |
| + 20 000 | + 3 | +0,30 |
| + 30 000 | + 4,50 | +0,45 |
| + 40 000 | + 6 | +0,60 |
| + 50 000 | + 7,50 | +0,75 |
| + 60 000 | + 9 | +0,90 |
| + 70 000 | +10,50 | +1,05 |
| + 80 000 | +12 | +1,20 |
| + 90 000 | +13,50 | +1,35 |
| + 100 000 | +15 | +1,50 |
| Stammsatz | 30 | 3 |

Die mit einem Punkt (.) gezeichneten Gebühren erhöhen sich bei einem Notar auf 1,50 M.

*) Der Mindestbetrag der Wegegebühr für den Notar ist ebenfalls 1 M (nicht 1,50 M); vgl. Kommissionsber. d. H. d. Abg. S. 4.

**) Die Pfennigbeträge der sich ergebenden Gebühr sind auf 10 nach oben abzurunden.

**Beispiel zur Berechnung bei Werten von mehr als 100 000 M siehe Seite 47.**

### b) Aufnahme durch einen Gerichtsschreiber.

| Wertklasse bis einschließlich | Protest- | Wege- |
|---|---|---|
| | Gebühr | |
| M | M | M |
| 1 | 2 | 3 |
| 50 | 0,50 | 0,50 |
| 100 | 1 | 0,50 |
| 300 | 2 | 0,50 |

| Wertklasse bis einschließlich | Protest- | Wege- |
|---|---|---|
| | Gebühr | |
| M | M | M |
| 1 | 2 | 3 |
| 1 000 | 3 | 0,60 |
| 5 000 | 4 | 0,80 |
| mehr als 5 000 | 5 | 1 |

# Tabelle 6.

## Die Gebührensätze des § 57 und die Gebühren nach §§ 67 und 81 Abs. 2.

| Nr. | Wertklasse bis einschließlich M | Gebührensatz A des § 57 | | | | Gebührensatz B des § 57 | | | | | Nr. |
|---|---|---|---|---|---|---|---|---|---|---|---|
| | | 10/10 M | 5/10 M | 5/20 M | 5/40 M | 30/10 M | 20/10 M | 10/10 M | 5/10 M | 3/10 M | |
| 1 | 2 | 3 | 4 | 5 | 6 | 7 | 8 | 9 | 10 | 11 | 1 |
| 1 | 20 | 0,50 | | | | 0,60 | • 0,50 | • 0,50 | | | 1 |
| 2 | 60 | 0,70 | 0,50 | | | 1,20 | • 0,80 | | | | 2 |
| 3 | 120 | 1 | | 0,50 | | 1,80 | • 1,20 | • 0,60 | 0,50 | 0,50 | 3 |
| 4 | 200 | 1,50 | 0,80 | | | 3 | 2 | • 1 | | | 4 |
| 5 | 300 | 2 | 1 | | 0,50 | 4,20 | 2,80 | • 1,40 | 0,70 | | 5 |
| 6 | 450 | 2,60 | 1,30 | 0,70 | | 5,70 | 3,80 | 1,90 | 1 | 0,60 | 6 |
| 7 | 650 | 3,20 | 1,60 | 0,80 | | 7,20 | 4,80 | 2,40 | 1,20 | 0,80 | 7 |
| 8 | 900 | 4 | 2 | 1 | | 8,70 | 5,80 | 2,90 | 1,50 | 0,90 | 8 |
| 9 | 1 200 | 4,80 | 2,40 | 1,20 | 0,60 | 10,20 | 6,80 | 3,40 | 1,70 | 1,10 | 9 |
| 10 | 1 600 | 6 | 3 | 1,50 | 0,80 | 12 | 8 | 4 | 2 | 1,20 | 10 |
| 11 | 2 100 | 7,50 | 3,80 | 1,90 | 1 | 14,40 | 9,60 | 4,80 | 2,40 | 1,50 | 11 |
| 12 | 2 700 | 9 | 4,50 | 2,30 | 1,20 | 17,40 | 11,60 | 5,80 | 2,90 | 1,80 | 12 |
| 13 | 3 400 | 10,50 | 5,30 | 2,70 | 1,40 | 20,40 | 13,60 | 6,80 | 3,40 | 2,10 | 13 |
| 14 | 4 300 | 12 | 6 | 3 | 1,50 | 24 | 16 | 8 | 4 | 2,40 | 14 |
| 15 | 5 400 | 13,50 | 6,80 | 3,40 | 1,70 | 27,60 | 18,40 | 9,20 | 4,60 | 2,80 | 15 |
| 16 | 6 700 | 15,50 | 7,80 | 3,90 | 2 | 31,20 | 20,80 | 10,40 | 5,20 | 3,20 | 16 |
| 17 | 8 200 | 17,50 | 8,80 | 4,40 | 2,20 | 34,80 | 23,20 | 11,60 | 5,80 | 3,50 | 17 |
| 18 | 10 000 | 20 | 10 | 5 | 2,50 | 39 | 26 | 13 | 6,50 | 3,90 | 18 |
| 19 | 12 000 | 22,50 | 11,30 | 5,70 | 2,90 | 45 | 30 | 15 | 7,50 | 4,50 | 19 |
| 20 | 14 000 | 25 | 12,50 | 6,30 | 3,20 | 51 | 34 | 17 | 8,50 | 5,10 | 20 |
| 21 | 16 000 | 27,50 | 13,80 | 6,90 | 3,50 | 57 | 38 | 19 | 9,50 | 5,70 | 21 |
| 22 | 18 000 | 30 | 15 | 7,50 | 3,80 | 63 | 42 | 21 | 10,50 | 6,30 | 22 |
| 23 | 20 000 | 32,50 | 16,30 | 8,20 | 4,10 | 69 | 46 | 23 | 11,50 | 6,90 | 23 |
| 24 | 22 000 | 35 | 17,50 | 8,80 | 4,40 | 75 | 50 | 25 | 12,50 | 7,50 | 24 |
| 25 | 24 000 | 37,50 | 18,80 | 9,40 | 4,70 | 81 | 54 | 27 | 13,50 | 8,10 | 25 |
| 26 | 26 000 | 40 | 20 | 10 | 5 | 87 | 58 | 29 | 14,50 | 8,70 | 26 |
| 27 | 28 000 | 42,50 | 21,30 | 10,70 | 5,40 | 93 | 62 | 31 | 15,50 | 9,30 | 27 |
| 28 | 30 000 | 45 | 22,50 | 11,30 | 5,70 | 99 | 66 | 33 | 16,50 | 9,90 | 28 |
| 29 | 35 000 | 51 | 25,50 | 12,80 | 6,40 | 114 | 76 | 38 | 19 | 11,40 | 29 |
| 30 | 40 000 | 57 | 28,50 | 14,30 | 7,20 | 129 | 86 | 43 | 21,50 | 12,90 | 30 |

Die mit einem Punkt (.) gezeichneten Gebühren erhöhen sich bei einem Notar auf 1,50 M.

## Noch: Tabelle 6. — Die Gebührensätze des § 57 und die Gebühren nach §§ 67 und 81 Abs. 2.

| Nr. | Gebührensatz B des § 57: 5/20 ℳ | 3/20 ℳ | 5/40 ℳ | 3/40 ℳ | 5/80 ℳ | Gebühren nach § 33: 4/10 ℳ | 3/10 ℳ | 2/10 ℳ | Gebühr für eidesstattliche Versicherungen nach § 81 Abs. 2 ℳ | Wertklasse bis einschließlich ℳ | Nr. |
|---|---|---|---|---|---|---|---|---|---|---|---|
| 1 | 12 | 13 | 14 | 15 | 16 | 17 | 18 | 19 | 20 | 2 | 1 |
| 1 | 0,50 | 0,50 | 0,50 | 0,50 | 0,50 | • 0,50 | 0,50 | 0,50 | 0,50 | 20 | 1 |
| 2 | 0,50 | 0,50 | 0,50 | 0,50 | 0,50 | • 0,50 | 0,50 | 0,50 | 0,50 | 60 | 2 |
| 3 | 0,50 | 0,50 | 0,50 | 0,50 | 0,50 | • 0,50 | 0,50 | 0,50 | 0,50 | 120 | 3 |
| 4 | 0,50 | 0,50 | 0,50 | 0,50 | 0,50 | • 0,80 | 0,60 | 0,50 | 0,50 | 200 | 4 |
| 5 | 0,50 | 0,50 | 0,50 | 0,50 | 0,50 | • 1 | 0,80 | 0,50 | 0,60 | 300 | 5 |
| 6 | 0,50 | 0,50 | 0,50 | 0,50 | 0,50 | • 1,20 | 0,90 | 0,60 | 0,80 | 450 | 6 |
| 7 | 0,60 | 0,50 | 0,50 | 0,50 | 0,50 | 1,50 | 1,10 | 0,80 | 1 | 650 | 7 |
| 8 | 0,80 | 0,50 | 0,50 | 0,50 | 0,50 | 1,70 | 1,30 | 0,90 | 1,20 | 900 | 8 |
| 9 | 0,90 | 0,60 | 0,50 | 0,50 | 0,50 | 2 | 1,50 | 1 | 1,40 | 1 200 | 9 |
| 10 | 1 | 0,60 | 0,50 | 0,50 | 0,50 | 2,40 | 1,80 | 1,20 | 1,60 | 1 600 | 10 |
| 11 | 1,20 | 0,80 | 0,60 | 0,50 | 0,50 | 3 | 2,30 | 1,50 | 2 | 2 100 | 11 |
| 12 | 1,50 | 0,90 | 0,80 | 0,50 | 0,50 | 3,40 | 2,60 | 1,70 | 2,40 | 2 700 | 12 |
| 13 | 1,70 | 1,10 | 0,90 | 0,60 | 0,50 | 3,80 | 2,90 | 1,90 | 2,80 | 3 400 | 13 |
| 14 | 2 | 1,20 | 1 | 0,60 | 0,50 | 4,20 | 3,20 | 2,10 | 3,20 | 4 300 | 14 |
| 15 | 2,30 | 1,40 | 1,20 | 0,70 | 0,60 | 4,60 | 3,50 | 2,30 | 3,70 | 5 400 | 15 |
| 16 | 2,60 | 1,60 | 1,30 | 0,80 | 0,70 | 5,20 | 3,90 | 2,60 | 4,20 | 6 700 | 16 |
| 17 | 2,90 | 1,80 | 1,50 | 0,90 | 0,80 | 5,60 | 4,20 | 2,80 | 4,70 | 8 200 | 17 |
| 18 | 3,30 | 2 | 1,70 | 1 | 0,90 | 6,20 | 4,70 | 3,10 | 5,20 | 10 000 | 18 |
| 19 | 3,80 | 2,30 | 1,90 | 1,20 | 1 | 6,80 | 5,10 | 3,40 | 6 | 12 000 | 19 |
| 20 | 4,30 | 2,60 | 2,20 | 1,30 | 1,10 | 7,20 | 5,40 | 3,60 | 6,80 | 14 000 | 20 |
| 21 | 4,80 | 2,90 | 2,40 | 1,50 | 1,20 | 7,60 | 5,70 | 3,80 | 7,60 | 16 000 | 21 |
| 22 | 5,30 | 3,20 | 2,70 | 1,60 | 1,40 | 8 | 6 | 4 | 8,40 | 18 000 | 22 |
| 23 | 5,80 | 3,50 | 2,90 | 1,80 | 1,50 | 8,40 | 6,30 | 4,20 | 9,20 | 20 000 | 23 |
| 24 | 6,30 | 3,80 | 3,20 | 1,90 | 1,60 | 8,80 | 6,60 | 4,40 | 10 | 22 000 | 24 |
| 25 | 6,80 | 4,10 | 3,40 | 2,10 | 1,70 | 9,20 | 6,90 | 4,60 | 10,80 | 24 000 | 25 |
| 26 | 7,30 | 4,40 | 3,70 | 2,20 | 1,90 | 9,60 | 7,20 | 4,80 | 11,60 | 26 000 | 26 |
| 27 | 7,80 | 4,70 | 3,90 | 2,40 | 2 | 10 | 7,50 | 5 | 12,40 | 28 000 | 27 |
| 28 | 8,30 | 5 | 4,20 | 2,50 | 2,10 | 10,40 | 7,80 | 5,20 | 13,20 | 30 000 | 28 |
| 29 | 9,50 | 5,70 | 4,80 | 2,90 | 2,40 | 11,60 | 8,70 | 5,80 | 15,20 | 35 000 | 29 |
| 30 | 10,80 | 6,50 | 5,40 | 3,30 | 2,70 | 12,80 | 9,60 | 6,40 | 17,20 | 40 000 | 30 |

Die mit einem Punkt (•) gezeichneten Gebühren erhöhen sich bei einem Notar auf 1,50 ℳ.

## Noch: Tabelle 6. — Die Gebührensätze des § 57 und die Gebühren nach §§ 67 und 81 Abs. 2.

| Nr. | Wertklasse bis einschließlich ℳ | Gebührensatz A des § 57 10/10 ℳ | 5/10 ℳ | 5/20 ℳ | 5/40 ℳ | Gebührensatz B des § 57 30/10 ℳ | 20/10 ℳ | 10/10 ℳ | 5/10 ℳ | 3/10 ℳ | Nr. |
|---|---|---|---|---|---|---|---|---|---|---|---|
| 1 | 2 | 3 | 4 | 5 | 6 | 7 | 8 | 9 | 10 | 11 | 1 |
| 31 | 50 000 | 65 | 32,50 | 16,30 | 8,20 | 150 | 100 | 50 | 25 | 15 | 31 |
| 32 | 60 000 | 72 | 36 | 18 | 9 | 171 | 114 | 57 | 28,50 | 17,10 | 32 |
| 33 | 70 000 | 79 | 39,50 | 19,80 | 9,90 | 192 | 128 | 64 | 32 | 19,20 | 33 |
| 34 | 80 000 | 86 | 43 | 21,50 | 10,80 | 213 | 142 | 71 | 35,50 | 21,30 | 34 |
| 35 | 90 000 | 93 | 46,50 | 23,30 | 11,70 | 234 | 156 | 78 | 39 | 23,40 | 35 |
| 36 | 100 000 | 100 | 50 | 25 | 12,50 | 255 | 170 | 85 | 42,50 | 25,50 | 36 |
| | usw. **mehr** von weiteren je | | | | | | | | | | |
| 37 | + 10 000 | + 8 | + 4 | + 2 | + 1 | + 24 | + 16 | + 8 | + 4 | + 2,40 | 37 |
| 38 | + 20 000 | + 16 | + 8 | + 4 | + 2 | + 48 | + 32 | + 16 | + 8 | + 4,80 | 38 |
| 39 | + 30 000 | + 24 | + 12 | + 6 | + 3 | + 72 | + 48 | + 24 | + 12 | + 7,20 | 39 |
| 40 | + 40 000 | + 32 | + 16 | + 8 | + 4 | + 96 | + 64 | + 32 | + 16 | + 9,60 | 40 |
| 41 | + 50 000 | + 40 | + 20 | + 10 | + 5 | + 120 | + 80 | + 40 | + 20 | + 12 | 41 |
| 42 | + 60 000 | + 48 | + 24 | + 12 | + 6 | + 144 | + 96 | + 48 | + 24 | + 14,40 | 42 |
| 43 | + 70 000 | + 56 | + 28 | + 14 | + 7 | + 168 | + 112 | + 56 | + 28 | + 16,80 | 43 |
| 44 | + 80 000 | + 64 | + 32 | + 16 | + 8 | + 192 | + 128 | + 64 | + 32 | + 19,20 | 44 |
| 45 | + 90 000 | + 72 | + 36 | + 18 | + 9 | + 216 | + 144 | + 72 | + 36 | + 21,60 | 45 |
| 46 | + 100 000 | + 80 | + 40 | + 20 | + 10 | + 240 | + 160 | + 80 | + 40 | + 24 | 46 |
| 47 | + 200 000 | + 160 | + 80 | + 40 | + 20 | + 480 | + 320 | + 160 | + 80 | + 48 | 47 |
| 48 | + 300 000 | + 240 | + 120 | + 60 | + 30 | + 720 | + 480 | + 240 | + 120 | + 72 | 48 |
| 49 | + 400 000 | + 320 | + 160 | + 80 | + 40 | + 960 | + 640 | + 320 | + 160 | + 96 | 49 |
| 50 | + 500 000 | + 400 | + 200 | + 100 | + 50 | + 1200 | + 800 | + 400 | + 200 | + 120 | 50 |
| 51 | + 600 000 | + 480 | + 240 | + 120 | + 60 | + 1440 | + 960 | + 480 | + 240 | + 144 | 51 |
| 52 | + 700 000 | + 560 | + 280 | + 140 | + 70 | + 1680 | + 1120 | + 560 | + 280 | + 168 | 52 |
| 53 | + 800 000 | + 640 | + 320 | + 160 | + 80 | + 1920 | + 1280 | + 640 | + 320 | + 192 | 53 |
| 54 | + 900 000 | + 720 | + 360 | + 180 | + 90 | + 2160 | + 1440 | + 720 | + 360 | + 216 | 54 |
| 55 | + 1 000 000 | + 800 | + 400 | + 200 | + 100 | + 2400 | + 1600 | + 800 | + 400 | + 240 | 55 |
| | Stammsatz | 20 | 10 | 5 | 2,50 | 15 | 10 | 5 | 2,50 | 1,50 | |

**Beispiel zur Berechnung bei Werten von mehr als 100 000 ℳ siehe Seite 47.**

## Noch: Tabelle 6. — Die Gebührensätze des § 57 und die Gebühren nach §§ 67 und 81 Abs. 2.

| Nr. | Gebührensatz B des § 57 | | | | | Gebühren nach § 33 | | | Gebühr für eidesstattliche Versicherungen nach § 81 Abs. 2 | Wertklasse bis einschließlich | Nr. |
|---|---|---|---|---|---|---|---|---|---|---|---|
| | 5/20 ℳ | 3/20 ℳ | 5/40 ℳ | 3/40 ℳ | 5/80 ℳ | 4/10 ℳ | 3/10 ℳ | 2/10 ℳ | ℳ | ℳ | |
| 1 | 12 | 13 | 14 | 15 | 16 | 17 | 18 | 19 | 20 | 2 | 1 |
| 31 | 12,50 | 7,50 | 6,30 | 3,80 | 3,20 | 14 | 10,50 | 7 | 20 | 50 000 | 31 |
| 32 | 14,30 | 8,60 | 7,20 | 4,30 | 3,60 | 14,80 | 11,10 | 7,40 | 22,80 | 60 000 | 32 |
| 33 | 16 | 9,60 | 8 | 4,80 | 4 | 15,60 | 11,70 | 7,80 | 25,60 | 70 000 | 33 |
| 34 | 17,80 | 10,70 | 8,90 | 5,40 | 4,50 | 16,40 | 12,30 | 8,20 | 28,40 | 80 000 | 34 |
| 35 | 19,50 | 11,70 | 9,80 | 5,90 | 4,90 | 17,20 | 12,90 | 8,60 | 31,20 | 90 000 | 35 |
| 36 | 21,30 | 12,80 | 10,70 | 6,40 | 5,40 | 18 | 13,50 | 9 | 34 **) | 100 000 usw. | 36 |
| | | | | | | | *) | | 45 | mehr von weiteren je | |
| 37 | + 2 | + 1,20 | + 1 | + 0,60 | + 0,50 | + 0,60 | + 0,45 | + 0,30 | 3,20 | + 10 000 | 37 |
| 38 | + 4 | + 2,40 | + 2 | + 1,20 | + 1 | + 1,20 | + 0,90 | + 0,60 | 6,40 | + 20 000 | 38 |
| 39 | + 6 | + 3,60 | + 3 | + 1,80 | + 1,50 | + 1,80 | + 1,35 | + 0,90 | 9,60 | + 30 000 | 39 |
| 40 | + 8 | + 4,80 | + 4 | + 2,40 | + 2 | + 2,40 | + 1,80 | + 1,20 | 12,80 | + 40 000 | 40 |
| 41 | + 10 | + 6 | + 5 | + 3 | + 2,50 | + 3 | + 2,25 | + 1,50 | 16 | + 50 000 | 41 |
| 42 | + 12 | + 7,20 | + 6 | + 3,60 | + 3 | + 3,60 | + 2,70 | + 1,80 | 19,20 | + 60 000 | 42 |
| 43 | + 14 | + 8,40 | + 7 | + 4,20 | + 3,50 | + 4,20 | + 3,15 | + 2,10 | 10,50 | + 70 000 | 43 |
| 44 | + 16 | + 9,60 | + 8 | + 4,80 | + 4 | + 4,80 | + 3,60 | + 2,40 | 12 | + 80 000 | 44 |
| 45 | + 18 | + 10,80 | + 9 | + 5,40 | + 4,50 | + 5,40 | + 4,05 | + 2,70 | 13,50 | + 90 000 | 45 |
| 46 | + 20 | + 12 | + 10 | + 6 | + 5 | + 6 | + 4,50 | + 3 | 15 | + 100 000 | 46 |
| 47 | + 40 | + 24 | + 20 | + 12 | + 10 | + 12 | + 9 | 6 | 30 | + 200 000 | 47 |
| 48 | + 60 | + 36 | + 30 | + 18 | + 15 | + 18 | + 13,50 | 9 | 45 | + 300 000 | 48 |
| 49 | + 80 | + 48 | + 40 | + 24 | + 20 | + 24 | + 18 | 12 | 60 | + 400 000 | 49 |
| 50 | + 100 | + 60 | + 50 | + 30 | + 25 | + 30 | + 22,50 | 15 | 75 | + 500 000 | 50 |
| 51 | + 120 | + 72 | + 60 | + 36 | + 30 | + 36 | + 27 | + 18 | 90 | + 600 000 | 51 |
| 52 | + 140 | + 84 | + 70 | + 42 | + 35 | + 42 | + 31,50 | + 21 | 105 | + 700 000 | 52 |
| 53 | + 160 | + 96 | + 80 | + 48 | + 40 | + 48 | + 36 | + 24 | 120 | + 800 000 | 53 |
| 54 | + 180 | + 108 | + 90 | + 54 | + 45 | + 54 | + 40,50 | + 27 | 135 | + 900 000 | 54 |
| 55 | + 200 | + 120 | + 100 | + 60 | + 50 | + 60 | + 45 | + 30 | 150 | + 1 000 000 | 55 |
| | 1,30 | 0,80 | 0,70 | 0,40 | 0,40 | 12 | 9 | 6 | 30 | Stammsatz | |

*) Die Pfennigbeträge der sich ergebenden Gebühr sind nach oben auf 10 abzurunden.
**) Die **stark umrandeten Sätze** in Sp. 20 gelten für die Werte von mehr als 160 000 ℳ.
**Beispiel zur Berechnung bei Werten von mehr als 100 000 ℳ siehe Seite 47.**

## Tabelle 7. **Handelsregistersachen.**

| Gebührenbestimmung | Gewerbesteuerklasse I | II | III | IV | gewerbesteuerfrei |
|---|---|---|---|---|---|
| | Die Gebühr beträgt | | | | |
| | M | M | M | M | M |
| 1 | 2 | 3 | 4 | 5 | 6 |
| **Es sind zu erheben nach § 72** | | | | | |
| **Nr. 1 bei Einzelkaufleuten** | | | | | |
| a) für die erste Eintragung der Firma ........ | 150 | 75 | 30 | 15 | 3 |
| b) für jede spätere Eintragung | 90 | 45 | 18 | 9 | 2 |
| c) für die Löschung der Firma | 45 | 22,50 | 9 | 2 | 2 |
| **Nr. 2 bei offenen Handelsgesellschaften, Kommanditgesellschaften und juristischen Personen** | | | | | |
| a) für die erste Eintragung | 300 | 150 | 60 | 30 | 6 |
| b) für jede spätere Eintragung | 90 | 45 | 18 | 9 | 2 |
| **Nr. 3 bei Kommanditgesellschaften auf Aktien, Aktiengesellschaften und Gesellschaften mit beschränkter Haftung** | | | | | |
| a) Eintragung der Gesellschaft sowie Eintragung eines Beschlusses über Erhöhung oder Herabsetzung des Gesellschaftskapitals . | die aus Spalte 8 ersichtlichen Gebühren, mindestens aber 300 (950 000) *) | 150 (450000) *) | 60 (150000) *) | 30 (35 000) *) | 6 (1 600) *) |
| b) alle sonstigen Eintragungen | 90 | 45 | 18 | 9 | 2 |
| **Nr. 4 bei Prokuren** | | | | | |
| a) Eintragung einer Prokura | 90 | 45 | 18 | 9 | 2 |
| b) Eintragung des Erlöschens der Prokura ....... | 45 | 22,50 | 9 | 2 | 2 |
| **Nach § 75 werden erhoben** | | | | | |
| 1. für **Bescheinigungen,** beglaubigte Abschriften oder Auszüge aus dem Handelsregister (erstmalige) | 15 | 7,50 | 3 | 1,50 | 1,50 |
| **Siehe auch Note c u. d.** | | | | | |

| Betrag des **Gesellschaftskapitals,** der Erhöhung oder Herabsetzung M | **Gebühr** nach **§ 72** Nr. **3 a** M |
|---|---|
| 7 | 8 |
| 1 600 | 6 |
| 2 100 | 7,50 |
| 2 700 | 8,50 |
| 3 400 | 9,50 |
| 4 300 | 10,50 |
| 5 400 | 11,50 |
| 6 700 | 13 |
| 8 200 | 14 |
| 10 000 | 15,50 |
| 12 000 | 17 |
| 14 000 | 18 |
| 16 000 | 19 |
| 18 000 | 20 |
| 20 000 | 21 |
| 22 000 | 22 |
| 24 000 | 23 |
| 26 000 | 24 |
| 28 000 | 25 |
| 30 000 | 26 |
| 35 000 | 29 |
| 40 000 | 32 |
| 50 000 | 35 |
| 60 000 | 37 |
| 70 000 | 39 |
| 80 000 | 41 |
| 90 000 | 43 |
| 100 000 | 45 |
| **mehr** von weiteren je | |
| + 10 000 | + 3 |
| + 20 000 | + 6 |
| + 30 000 | + 9 |
| + 40 000 | + 12 |
| + 50 000 | + 15 |

*) Die Gebühren der Spalte 8 kommen in Frage, sobald höhere als die unter den Mindestsätzen in Klammern vermerkten Kapitalbeträge für die Gebührenberechnung maßgebend sind.

## Noch: Tabelle 7. Handelsregistersachen.

| Gebührenbestimmung | Gewerbesteuerklasse I | II | III | IV | gewerbesteuerfrei | Betrag des **Gesellschaftskapitals**, der Erhöhung oder Herabsetzung | **Gebühr** nach § 72 Nr. 3a |
|---|---|---|---|---|---|---|---|
| | Die Gebühr beträgt | | | | | | |
| | ℳ | ℳ | ℳ | ℳ | ℳ | ℳ | ℳ |
| 1 | 2 | 3 | 4 | 5 | 6 | 7 | 8 |
| 2. für **wiederholte Bescheinigungen**, beglaubigte Abschriften oder Auszüge sowie für sogenannte Negativatteste . . . . . . . . . . . . . . | 1,50 | 1,50 | 1,50 | 1,50 | 1,50 | + 60 000<br>+ 70 000<br>+ 80 000<br>+ 90 000<br>+ 100 000 | + 18<br>+ 21<br>+ 24<br>+ 27<br>+ 30 |
| **Siehe auch Note c u. d.** | | | | | | Stammsatz | 15 |

**Beispiel zur Berechnung von Werten von mehr als 100 000 ℳ siehe Seite 47.**

---

Nach dem Gewerbesteuergesetze vom 24. 6. 91 (RGBl. S. 205) gehören zu der

| Gewerbesteuerklasse | Die Betriebe mit einem jährlichen Ertrage von | oder | mit einem Anlage- und Betriebskapital im Werte von |
|---|---|---|---|
| I | 50 000 ℳ oder mehr | | 1 000 000 ℳ oder mehr |
| II | 20 000 ℳ bis **ausschl.** 50 000 ℳ | | 150 000 ℳ bis **ausschl.** 1 000 000 ℳ |
| III | 4 000 ℳ " " 20 000 ℳ | | 30 000 ℳ " " 150 000 ℳ |
| IV | 1 500 ℳ " " 4 000 ℳ | | 3 000 ℳ " " 30 000 ℳ |
| gewerbesteuerfrei | weniger als 1 500 ℳ | | weniger als 3 000 ℳ |

a) Wegen der Gebühren für Eintragungen in das Register der **Zweigniederlassung** siehe Seite 25.

b) **Mehrere Eintragungen.**
Bei mehreren Eintragungen zu einer Firma oder Gesellschaft auf Grund einer und derselben Anmeldung ist nur der höchste der für die einzelnen Eintragungen im § 72 bestimmten Sätze zu erheben; die auf eine **Prokura** bezüglichen Eintragungen gelten jedoch bei der Gebührenberechnung **stets besonders** (§ 74).

c) **Mehrere Bescheinigungen in einer Urkunde.**
Es gilt dasselbe, wie für mehrere Eintragungen; bezieht sich also eine Bescheinigung oder eine beglaubigte Abschrift (Auszug) aus dem Handelsregister sowohl auf die Firma (Gesellschaft) als auch zugleich auf die Prokura, so sind für beides die Gebühren besonders zu erheben (§ 75 Abs. 1).

d) Bescheinigungen und beglaubigte Abschriften (Auszüge) aus dem Handelsregister sind **stempelfrei.**

# Tabelle 8.

## Gebührenreihe nach § 92 Nr. 1 (Vormundschaften usw.).

| Vermögen bis einschließlich ℳ | Gebühr ℳ | Vermögen bis einschließlich ℳ | Gebühr ℳ | Vermögen bis einschließlich ℳ | Gebühr ℳ |
|---|---|---|---|---|---|
| 1 | 2 | 1 | 2 | 1 | 2 |
| 500 | 1 | 16 500 | 33 | 30 000 | 65 |
| 1 000 | 2 | 17 000 | 34 | 30 400 | 66 |
| 1 500 | 3 | 17 500 | 35 | 30 800 | 67 |
| 2 000 | 4 | 18 000 | 36 | 31 200 | 68 |
| 2 500 | 5 | 18 500 | 37 | 31 600 | 69 |
| 3 000 | 6 | 19 000 | 38 | 32 000 | 70 |
| 3 500 | 7 | 19 500 | 39 | 32 400 | 71 |
| 4 000 | 8 | 20 000 | 40 | 32 800 | 72 |
| 4 500 | 9 | 20 400 | 41 | 33 200 | 73 |
| 5 000 | 10 | 20 800 | 42 | 33 600 | 74 |
| 5 500 | 11 | 21 200 | 43 | 34 000 | 75 |
| 6 000 | 12 | 21 600 | 44 | 34 400 | 76 |
| 6 500 | 13 | 22 000 | 45 | 34 800 | 77 |
| 7 000 | 14 | 22 400 | 46 | 35 200 | 78 |
| 7 500 | 15 | 22 800 | 47 | 35 600 | 79 |
| 8 000 | 16 | 23 200 | 48 | 36 000 | 80 |
| 8 500 | 17 | 23 600 | 49 | 36 400 | 81 |
| 9 000 | 18 | 24 000 | 50 | 36 800 | 82 |
| 9 500 | 19 | 24 400 | 51 | 37 200 | 83 |
| 10 000 | 20 | 24 800 | 52 | 37 600 | 84 |
| 10 500 | 21 | 25 200 | 53 | 38 000 | 85 |
| 11 000 | 22 | 25 600 | 54 | 38 400 | 86 |
| 11 500 | 23 | 26 000 | 55 | 38 800 | 87 |
| 12 000 | 24 | 26 400 | 56 | 39 200 | 88 |
| 12 500 | 25 | 26 800 | 57 | 39 600 | 89 |
| 13 000 | 26 | 27 200 | 58 | 40 000 | 90 |
| 13 500 | 27 | 27 600 | 59 | 40 400 | 91 |
| 14 000 | 28 | 28 000 | 60 | 40 800 | 92 |
| 14 500 | 29 | 28 400 | 61 | 41 200 | 93 |
| 15 000 | 30 | 28 800 | 62 | 41 600 | 94 |
| 15 500 | 31 | 29 200 | 63 | 42 000 | 95 |
| 16 000 | 32 | 29 600 | 64 | 42 400 | 96 |

Noch: Tabelle 8. — Gebührenreihe nach § 92 Nr. 1 (Vormundschaften usw).

| Vermögen bis einschließlich ℳ 1 | Gebühr ℳ 2 | Vermögen bis einschließlich ℳ 1 | Gebühr ℳ 2 | Vermögen bis einschließlich ℳ 1 | Gebühr ℳ 2 |
|---|---|---|---|---|---|
| 42 800 | 97 | 48 400 | 111 | + 6 000 | + 15 |
| 43 200 | 98 | 48 800 | 112 | + 8 000 | + 20 |
| 43 600 | 99 | 49 200 | 113 | + 10 000 | + 25 |
| 44 000 | 100 | 49 600 | 114 | + 20 000 | + 50 |
| 44 400 | 101 | 50 000 | 115 | + 30 000 | + 75 |
| 44 800 | 102 | usw. | | + 40 000 | + 100 |
| 45 200 | 103 | **mehr** von weiteren je | | + 50 000 | + 125 |
| 45 600 | 104 | | | + 60 000 | + 150 |
| 46 000 | 105 | + 400 | + 1 | + 70 000 | + 175 |
| 46 400 | 106 | + 800 | + 2 | + 80 000 | + 200 |
| 46 800 | 107 | + 1 200 | + 3 | + 90 000 | + 225 |
| 47 200 | 108 | + 1 600 | + 4 | + 100 000 | + 250 |
| 47 600 | 109 | + 2 000 | + 5 | Stammsatz | minus 10 |
| 48 000 | 110 | + 4 000 | + 10 | | |

**Berechnung bei Werten von mehr als 50 000 ℳ nach Anleitung des Beispiels auf Seite 47.**

Die Gebühren lassen sich auch leicht in folgender Weise berechnen:

1. Bei Vermögen **bis** 20 000 ℳ:

Die Gebühr beträgt $^1/_5 = ^2/_{10}$ % des Vermögens unter Abrundung auf volle Mark nach oben;

also z. B. bei 14 760 ℳ:

$$\frac{2 \cdot 147{,}_{60}}{10} = 29{,}_{520} = 30 \text{ ℳ}.$$

oder noch kürzer:

Man verdoppelt das Vermögen, dividiert durch 1000 und rundet nach oben auf volle Ganze ab;

also:

$$\frac{2 \cdot 14760}{1000} = 29{,}_{520} = 30 \text{ ℳ}.$$

2. Bei Vermögen von **mehr als** 20 000 ℳ:

Die Gebühr beträgt $^1/_4$ % des Vermögens abzüglich 10 ℳ (d. i. der Unterschied von $^1/_4$ % und $^1/_5$ % bei 20 000 ℳ);

also z. B. bei 168 743 ℳ:

$$\frac{1687{,}_{43}}{4} - 10 = 421{,}_{8} \ldots - 10 = 412 \text{ ℳ}$$

# Tabelle 9.

## Gebührenreihe des § 123.

| Wertklasse bis einschließlich ℳ | 10/10 ℳ | 6/10 ℳ | 5/10 ℳ | 4/10 ℳ | 3/10 ℳ | 2/10 ℳ | 1/10 ℳ |
|---|---|---|---|---|---|---|---|
| 1 | 2 | 3 | 4 | 5 | 6 | 7 | 8 |
| 20 | 1 | 0,60 | 0,50 | 0,50 | 0,50 | 0,50 | 0,50 |
| 60 | 2,40 | 1,50 | 1,20 | 1 | 0,80 | | |
| 120 | 4,60 | 2,80 | 2,30 | 1,90 | 1,40 | 1 | |
| 200 | 7,50 | 4,50 | 3,80 | 3 | 2,30 | 1,50 | 0,80 |
| 300 | 11 | 6,60 | 5,50 | 4,40 | 3,30 | 2,20 | 1,10 |
| 450 | 15 | 9 | 7,50 | 6 | 4,50 | 3 | 1,50 |
| 650 | 20 | 12 | 10 | 8 | 6 | 4 | 2 |
| 900 | 26 | 15,60 | 13 | 10,40 | 7,80 | 5,20 | 2,60 |
| 1 200 | 32 | 19,20 | 16 | 12,80 | 9,60 | 6,40 | 3,20 |
| 1 600 | 38 | 22,80 | 19 | 15,20 | 11,40 | 7,60 | 3,80 |
| 2 100 | 44 | 26,40 | 22 | 17,60 | 13,20 | 8,80 | 4,40 |
| 2 700 | 50 | 30 | 25 | 20 | 15 | 10 | 5 |
| 3 400 | 56 | 33,60 | 28 | 22,40 | 16,80 | 11,20 | 5,60 |
| 4 300 | 62 | 37,20 | 31 | 24,80 | 18,60 | 12,40 | 6,20 |
| 5 400 | 68 | 40,80 | 34 | 27,20 | 20,40 | 13,60 | 6,80 |
| 6 700 | 74 | 44,40 | 37 | 29,60 | 22,20 | 14,80 | 7,40 |
| 8 200 | 81 | 48,60 | 40,50 | 32,40 | 24,30 | 16,20 | 8,10 |
| 10 000 | 90 | 54 | 45 | 36 | 27 | 18 | 9 |
| 12 000 | 100 | 60 | 50 | 40 | 30 | 20 | 10 |
| 14 000 | 110 | 66 | 55 | 44 | 33 | 22 | 11 |
| 16 000 | 120 | 72 | 60 | 48 | 36 | 24 | 12 |
| 18 000 | 130 | 78 | 65 | 52 | 39 | 26 | 13 |
| 20 000 | 140 | 84 | 70 | 56 | 42 | 28 | 14 |
| 22 000 | 150 | 90 | 75 | 60 | 45 | 30 | 15 |
| 24 000 | 160 | 96 | 80 | 64 | 48 | 32 | 16 |
| 26 000 | 170 | 102 | 85 | 68 | 51 | 34 | 17 |
| 28 000 | 180 | 108 | 90 | 72 | 54 | 36 | 18 |
| 30 000 | 190 | 114 | 95 | 76 | 57 | 38 | 19 |
| 32 000 | 200 | 120 | 100 | 80 | 60 | 40 | 20 |
| 34 000 | 210 | 126 | 105 | 84 | 63 | 42 | 21 |
| 36 000 | 220 | 132 | 110 | 88 | 66 | 44 | 22 |
| 38 000 | 230 | 138 | 115 | 92 | 69 | 46 | 23 |
| 40 000 | 240 | 144 | 120 | 96 | 72 | 48 | 24 |
| 42 000 | 250 | 150 | 125 | 100 | 75 | 50 | 25 |
| 44 000 | 260 | 156 | 130 | 104 | 78 | 52 | 26 |
| 46 000 | 270 | 162 | 135 | 108 | 81 | 54 | 27 |
| 48 000 | 280 | 168 | 140 | 112 | 84 | 56 | 28 |
| 50 000 | 290 | 174 | 145 | 116 | 87 | 58 | 29 |
| 52 000 | 300 | 180 | 150 | 120 | 90 | 60 | 30 |
| 54 000 | 310 | 186 | 155 | 124 | 93 | 62 | 31 |

Noch: Tabelle 9. Gebührenreihe des § 123.

| Wertklasse bis einschließlich M | 10/10 M | 6/10 M | 5/10 M | 4/10 M | 3/10 M | 2/10 M | 1/10 M |
|---|---|---|---|---|---|---|---|
| 1 | 2 | 3 | 4 | 5 | 6 | 7 | 8 |
| 56 000 | 320 | 192 | 160 | 128 | 96 | 64 | 32 |
| 58 000 | 330 | 198 | 165 | 132 | 99 | 66 | 33 |
| 60 000 | 340 | 204 | 170 | 136 | 102 | 68 | 34 |
| 62 000 | 350 | 210 | 175 | 140 | 105 | 70 | 35 |
| 64 000 | 360 | 216 | 180 | 144 | 108 | 72 | 36 |
| 66 000 | 370 | 222 | 185 | 148 | 111 | 74 | 37 |
| 68 000 | 380 | 228 | 190 | 152 | 114 | 76 | 38 |
| 70 000 | 390 | 234 | 195 | 156 | 117 | 78 | 39 |
| 72 000 | 400 | 240 | 200 | 160 | 120 | 80 | 40 |
| 74 000 | 410 | 246 | 205 | 164 | 123 | 82 | 41 |
| 76 000 | 420 | 252 | 210 | 168 | 126 | 84 | 42 |
| 78 000 | 430 | 258 | 215 | 172 | 129 | 86 | 43 |
| 80 000 | 440 | 264 | 220 | 176 | 132 | 88 | 44 |
| 82 000 | 450 | 270 | 225 | 180 | 135 | 90 | 45 |
| 84 000 | 460 | 276 | 230 | 184 | 138 | 92 | 46 |
| 86 000 | 470 | 282 | 235 | 188 | 141 | 94 | 47 |
| 88 000 | 480 | 288 | 240 | 192 | 144 | 96 | 48 |
| 90 000 | 490 | 294 | 245 | 196 | 147 | 98 | 49 |
| 92 000 | 500 | 300 | 250 | 200 | 150 | 100 | 50 |
| 94 000 | 510 | 306 | 255 | 204 | 153 | 102 | 51 |
| 96 000 | 520 | 312 | 260 | 208 | 156 | 104 | 52 |
| 98 000 | 530 | 318 | 265 | 212 | 159 | 106 | 53 |
| 100 000 | 540 | 324 | 270 | 216 | 162 | 108 | 54 |
| usw. **mehr** von weiteren je | | | | | | | |
| + 2 000 | + 10 | + 6 | + 5 | + 4 | + 3 | + 2 | + 1 |
| + 4 000 | + 20 | + 12 | + 10 | + 8 | + 6 | + 4 | + 2 |
| + 6 000 | + 30 | + 18 | + 15 | + 12 | + 9 | + 6 | + 3 |
| + 8 000 | + 40 | + 24 | + 20 | + 16 | + 12 | + 8 | + 4 |
| + 10 000 | + 50 | + 30 | + 25 | + 20 | + 15 | + 10 | + 5 |
| + 20 000 | +100 | + 60 | + 50 | + 40 | + 30 | + 20 | + 10 |
| + 30 000 | +150 | + 90 | + 75 | + 60 | + 45 | + 30 | + 15 |
| + 40 000 | +200 | +120 | +100 | + 80 | + 60 | + 40 | + 20 |
| + 50 000 | +250 | +150 | +125 | +100 | + 75 | + 50 | + 25 |
| + 60 000 | +300 | +180 | +150 | +120 | + 90 | + 60 | + 30 |
| + 70 000 | +350 | +210 | +175 | +140 | +105 | + 70 | + 35 |
| + 80 000 | +400 | +240 | +200 | +160 | +120 | + 80 | + 40 |
| + 90 000 | +450 | +270 | +225 | +180 | +135 | + 90 | + 45 |
| + 100 000 | +500 | +300 | +250 | +200 | +150 | +100 | + 50 |
| Stammsatz | 40 | 24 | 20 | 16 | 12 | 8 | 4 |

**Beispiel zur Berechnung bei Werten von mehr als 100 000 M siehe Seite 47.**

# Tabelle 10.

## Fideikommisse, Stiftungen und Vermögensverwaltungen.

Jährliche Gebühr für Rechnungslegung nach § 96 Nr. 2.

| Betrag des Vermögens bis einschl. ℳ | Gebühr ℳ |
|---|---|
| 1 | 2 |
| 3 000 | 5 |
| 4 000 | 6 |
| 5 000 | 7,50 |
| 6 000 | 9 |
| 7 000 | 10,50 |
| 8 000 | 12 |
| 9 000 | 13,50 |
| 10 000 | 15 |
| 11 000 | 16 |
| 12 000 | 17 |
| 13 000 | 18 |
| 14 000 | 19 |
| 15 000 | 20 |
| 16 000 | 21 |
| 17 000 | 22 |
| 18 000 | 23 |
| 19 000 | 24 |
| 20 000 | 25 |
| 21 000 | 25,50 |
| 22 000 | 26 |
| 23 000 | 26,50 |
| 24 000 | 27 |
| 25 000 | 27,50 |
| 26 000 | 28 |
| 27 000 | 28,50 |
| 28 000 | 29 |
| 29 000 | 29,50 |
| 30 000 | 30 |
| 31 000 | 30,50 |
| 32 000 | 31 |

| Betrag des Vermögens bis einschl. ℳ | Gebühr ℳ |
|---|---|
| 1 | 2 |
| 33 000 | 31,50 |
| 34 000 | 32 |
| 35 000 | 32,50 |
| 36 000 | 33 |
| 37 000 | 33,50 |
| 38 000 | 34 |
| 39 000 | 34,50 |
| 40 000 | 35 |
| 41 000 | 35,50 |
| 42 000 | 36 |
| 43 000 | 36,50 |
| 44 000 | 37 |
| 45 000 | 37,50 |
| 46 000 | 38 |
| 47 000 | 38,50 |
| 48 000 | 39 |
| 49 000 | 39,50 |
| 50 000 | 40 |
| 52 000 | 40,50 |
| 54 000 | 41 |
| 56 000 | 41,50 |
| 58 000 | 42 |
| 60 000 | 42,50 |
| 62 000 | 43 |
| 64 000 | 43,50 |
| 66 000 | 44 |
| 68 000 | 44,50 |
| 70 000 | 45 |
| 72 000 | 45,50 |
| 74 000 | 46 |

| Betrag des Vermögens bis einschl. ℳ | Gebühr ℳ |
|---|---|
| 1 | 2 |
| 76 000 | 46,50 |
| 78 000 | 47 |
| 80 000 | 47,50 |
| 82 000 | 48 |
| 84 000 | 48,50 |
| 86 000 | 49 |
| 88 000 | 49,50 |
| 90 000 | 50 |
| 92 000 | 50,50 |
| 94 000 | 51 |
| 96 000 | 51,50 |
| 98 000 | 52 |
| 100 000 | 52,50 |
| usw. **mehr** von weiteren je | |
| + 2 000 | + 0,50 |
| + 4 000 | + 1 |
| + 6 000 | + 1,50 |
| + 8 000 | + 2 |
| + 10 000 | + 2,50 |
| + 20 000 | + 5 |
| + 30 000 | + 7,50 |
| + 40 000 | + 10 |
| + 50 000 | + 12,50 |
| + 60 000 | + 15 |
| + 70 000 | + 17,50 |
| + 80 000 | + 20 |
| + 90 000 | + 22,50 |
| + 100 000 | + 25 |
| Stammsatz | 27,50 |

**Beispiel zur Berechnung bei Werten von mehr als 100 000 ℳ siehe Seite 47.**

# Tabelle 11.

## Erhebung und Auszahlung von Geldern in Angelegenheiten der nichtstreitigen Rechtspflege.

| Wert bis einschließl. ℳ | Gebühr 10/10 ℳ | 20/10 ℳ | 5/10 ℳ |
|---|---|---|---|
| 1 | 2 | 3 | 4 |
| 50 | 0,40 | 0,80 | 0,20 |
| 100 | 0,60 | 1,20 | 0,30 |
| 150 | 0,80 | 1,60 | 0,40 |
| 200 | 1 | 2 | 0,50 |
| 250 | 1,20 | 2,40 | 0,60 |
| 300 | 1,40 | 2,80 | 0,70 |
| 350 | 1,60 | 3,20 | 0,80 |
| 400 | 1,80 | 3,60 | 0,90 |
| 500 | 2 | 4 | 1 |
| 600 | 2,20 | 4,40 | 1,10 |
| 700 | 2,40 | 4,80 | 1,20 |
| 800 | 2,60 | 5,20 | 1,30 |
| 900 | 2,80 | 5,60 | 1,40 |
| 1 000 | 3 | 6 | 1,50 |
| 1 200 | 3,20 | 6,40 | 1,60 |
| 1 400 | 3,40 | 6,80 | 1,70 |
| 1 600 | 3,60 | 7,20 | 1,80 |
| 1 800 | 3,80 | 7,60 | 1,90 |
| 2 000 | 4 | 8 | 2 |
| 2 200 | 4,20 | 8,40 | 2,10 |
| 2 400 | 4,40 | 8,80 | 2,20 |
| 2 600 | 4,60 | 9,20 | 2,30 |
| 2 800 | 4,80 | 9,60 | 2,40 |
| 3 000 | 5 | 10 | 2,50 |
| 3 200 | 5,20 | 10,40 | 2,60 |

| Wert bis einschl. ℳ | Gebühr 10/10 ℳ | 20/10 ℳ | 5/10 ℳ |
|---|---|---|---|
| 1 | 2 | 3 | 4 |
| 3 400 | 5,40 | 10,80 | 2,70 |
| 3 600 | 5,60 | 11,20 | 2,80 |
| 3 800 | 5,80 | 11,60 | 2,90 |
| 4 000 | 6 | 12 | 3 |
| 4 200 | 6,20 | 12,40 | 3,10 |
| 4 400 | 6,40 | 12,80 | 3,20 |
| 4 600 | 6,60 | 13,20 | 3,30 |
| 4 800 | 6,80 | 13,60 | 3,40 |
| 5 000 | 7 | 14 | 3,50 |
| 5 200 | 7,20 | 14,40 | 3,60 |
| 5 400 | 7,40 | 14,80 | 3,70 |
| 5 600 | 7,60 | 15,20 | 3,80 |
| 5 800 | 7,80 | 15,60 | 3,90 |
| 6 000 | 8 | 16 | 4 |
| 6 200 | 8,20 | 16,40 | 4,10 |
| 6 400 | 8,40 | 16,80 | 4,20 |
| 6 600 | 8,60 | 17,20 | 4,30 |
| 6 800 | 8,80 | 17,60 | 4,40 |
| 7 000 | 9 | 18 | 4,50 |
| 7 200 | 9,20 | 18,40 | 4,60 |
| 7 400 | 9,40 | 18,80 | 4,70 |
| 7 600 | 9,60 | 19,20 | 4,80 |
| 7 800 | 9,80 | 19,60 | 4,90 |
| 8 000 | 10 | 20 | 5 |
| 8 200 | 10,20 | 20,40 | 5,10 |

| Wert bis einschließlich ℳ | Gebühr 10/10 ℳ | 20/10 ℳ | 5/10 ℳ |
|---|---|---|---|
| 1 | 2 | 3 | 4 |
| 8 400 | 10,40 | 20,80 | 5,20 |
| 8 600 | 10,60 | 21,20 | 5,30 |
| 8 800 | 10,80 | 21,60 | 5,40 |
| 9 000 | 11 | 22 | 5,50 |
| 9 200 | 11,20 | 22,40 | 5,60 |
| 9 400 | 11,40 | 22,80 | 5,70 |
| 9 600 | 11,60 | 23,20 | 5,80 |
| 9 800 | 11,80 | 23,60 | 5,90 |
| 10 000 | 12 | 24 | 6 |
| usw. **mehr** von weiteren je | | | |
| + 500 | + 0,20 | + 0,40 | + 0,10 |
| + 1 000 | + 0,40 | + 0,80 | + 0,20 |
| + 2 000 | + 0,80 | + 1,60 | + 0,40 |
| + 3 000 | + 1,20 | + 2,40 | + 0,60 |
| + 4 000 | + 1,60 | + 3,20 | + 0,80 |
| + 5 000 | + 2 | + 4 | + 1 |
| + 6 000 | + 2,40 | + 4,80 | + 1,20 |
| + 7 000 | + 2,80 | + 5,60 | + 1,40 |
| + 8 000 | + 3,20 | + 6,40 | + 1,60 |
| + 9 000 | + 3,60 | + 7,20 | + 1,80 |
| + 10 000 | + 4 | + 8 | + 2 |
| Stammsatz | 8 | 16 | 4 |

Der Mindestsatz von 1,50 ℳ findet für diese Tabelle keine Anwendung (§ 13 Geb.O. f. Not).

**Berechnung bei Werten von mehr als 10 000 ℳ nach Anleitung des Beispiels auf Seite 47.**

# Tabelle 12.

**Gegenwärtiger Kapitalwert einer Rente oder Nutzung im Werte von 1 Mark auf eine bestimmte Anzahl von Jahren zur Stempel- und Gebührenberechnung.**

§ 6 Abs. 12 LStG., § 21 Nr. 4 Pr.GKG.

| Anzahl der Jahre | Kapitalwert | | Anzahl der Jahre | Kapitalwert | | Anzahl der Jahre | Kapitalwert | |
|---|---|---|---|---|---|---|---|---|
| | M | ₰ | | M | ₰ | | M | ₰ |
| 1 | 2 | 3 | 1 | 2 | 3 | 1 | 2 | 3 |
| 1 | 1 | 0,0 | 29 | 17 | 66,3 | 57 | 23 | 22,0 |
| 2 | 1 | 96,2 | 30 | 17 | 98,4 | 58 | 23 | 32,7 |
| 3 | 2 | 88,6 | 31 | 18 | 29,0 | 59 | 23 | 43,0 |
| 4 | 3 | 77,5 | 32 | 18 | 58,9 | 60 | 23 | 52,8 |
| 5 | 4 | 63,0 | 33 | 18 | 87,4 | 61 | 23 | 62,4 |
| 6 | 5 | 45,1 | 34 | 19 | 14,8 | 62 | 23 | 71,5 |
| 7 | 6 | 24,2 | 35 | 19 | 41,1 | 63 | 23 | 80,3 |
| 8 | 7 | 00,2 | 36 | 19 | 66,5 | 64 | 23 | 88,7 |
| 9 | 7 | 73,8 | 37 | 19 | 90,8 | 65 | 23 | 96,9 |
| 10 | 8 | 43,5 | 38 | 20 | 14,3 | 66 | 24 | 04,7 |
| 11 | 9 | 11,1 | 39 | 20 | 36,8 | 67 | 24 | 12,2 |
| 12 | 9 | 76,0 | 40 | 20 | 58,5 | 68 | 24 | 19,4 |
| 13 | 10 | 38,5 | 41 | 20 | 79,3 | 69 | 24 | 26,4 |
| 14 | 10 | 98,6 | 42 | 20 | 99,3 | 70 | 24 | 33,0 |
| 15 | 11 | 56,3 | 43 | 21 | 18,6 | 71 | 24 | 39,5 |
| 16 | 12 | 11,8 | 44 | 21 | 37,1 | 72 | 24 | 45,6 |
| 17 | 12 | 65,2 | 45 | 21 | 54,9 | 73 | 24 | 51,6 |
| 18 | 13 | 16,6 | 46 | 21 | 72,0 | 74 | 24 | 57,3 |
| 19 | 13 | 65,9 | 47 | 21 | 88,5 | 75 | 24 | 62,8 |
| 20 | 14 | 13,4 | 48 | 22 | 04,3 | 76 | 24 | 68,0 |
| 21 | 14 | 59,0 | 49 | 22 | 19,5 | 77 | 24 | 73,1 |
| 22 | 15 | 02,9 | 50 | 22 | 34,2 | 78 | 24 | 78,0 |
| 23 | 15 | 45,1 | 51 | 22 | 48,2 | 79 | 24 | 82,7 |
| 24 | 15 | 85,7 | 52 | 22 | 61,8 | 80 | 24 | 87,2 |
| 25 | 16 | 24,7 | 53 | 22 | 74,8 | 81 | 24 | 91,5 |
| 26 | 16 | 62,2 | 54 | 22 | 87,3 | 82 | 24 | 95,7 |
| 27 | 16 | 98,3 | 55 | 22 | 99,3 | 83 | 24 | 99,7 |
| 28 | 17 | 33,0 | 56 | 23 | 10,9 | 84 und mehr | 25 | 00,0 |

IV.

# Anhang.

## A. Häufig zur Anwendung kommende Stempeltarifvorschriften.

| Tarif-stelle | Gegenstand | Stempel ℳ |
|---|---|---|
| 1. | Beglaubigte Abschriften | 3 |
| 4. | Annahme an Kindesstatt | 50 |
| | Ermäßigung auf 5 ℳ bei nachgewiesener Bedürftigkeit zulässig. | |
| 11. | Auszüge | 3 |
| 16. | Duplikate (Nebenausfertigungen) | 3 |
| | jedoch nicht mehr als der Stempel zu der Urkunde selbst. | |
| 18. | Eheverträge | 5 |
| | bis 6 000 ℳ einschl. | 1,50 |
| 30. | Inventarien zum Gebrauche bei stempelpflichtigen Urkunden | 3 |
| 45. | Notariatsurkunden | 3 |
| | bei stempelpflichtigen Verhandlungen sind die für diese vorgesehenen Stempel, mindestens jedoch 3 ℳ zu erheben. | |
| 52. | Proteste (Wechselproteste und andere Proteste) | |
| | über 150 bis 1 000 ℳ | 1,50 |
| | mehr als 1 000 ℳ | 3 |
| 53. | Protokolle über stempelpflichtige Verhandlungen erfordern den für diese vorgesehenen Stempel, mindestens jedoch | 3 |
| | Protokolle über stempelfreie Verhandlungen sind stempelfrei, abgesehen von Notariatsprotokollen (siehe TSt. 45). | |
| 59. | Sicherstellung v. Rechten, Bürgschaften: | |
| | bis 600 ℳ einschl. | 0,50 |
| | „ 1 200 „ „ | 1 |
| | „ 10 000 „ „ | 1,50 |
| | über 10 000 „ | 5 |
| | jedoch nicht mehr als der für die Beurkundung des Rechtes zur Erhebung gelangende Stempel. | |

| Tarifstelle | Gegenstand | Stempel M |
|---|---|---|
| 66. | Verfügungen von Todes wegen (Erbverträge, Testamente): | |
| | bis 1 000 M einschl. . | 3 |
| | „ 10 000 „ „ . . | 5 |
| | „ 20 000 „ „ . . | 10 |
| | „ 50 000 „ „ . . | 15 |
| | „ 200 000 „ „ . . | 20 |
| | „ 300 000 „ „ . . | 30 |
| | „ 500 000 „ „ . . | 40 |
| | mehr als 500 000 „ . . . . . | 50 |
| | nicht vermögensrechtlicher Art, sowie Nachträge . . . | 3 |
| | Bei gemeinschaftlichen Verfügungen ist der Gesamtbetrag des Wertes beider Verfügungen maßgebend. | |
| | Stempelfrei sind Verträge und Erklärungen aller Art, die lediglich den Widerruf, die Zurücknahme oder die Aufhebung einer Verfügung von Todes wegen oder einzelner in solchen Verfügungen enthaltenen Anordnungen betreffen. | |
| 67. | Vergleiche, falls nicht eine andere Tarifstelle Anwendung findet . | 3 |
| 71. | Verträge, | |
| | 1. durch welche ein früherer stempelpflichtiger Vertrag lediglich aufgehoben wird, falls nicht die Verabredung nach einer anderen Tarifstelle stempelpflichtig ist . . . . . | 3 |
| | 2. über sonstige vermögensrechtliche Angelegenheiten, wenn keine andere Tarifstelle zur Anwendung kommt . . . . . . . . | 3 |
| | 3. Nebenverträge, welche mit dem Hauptvertrage zusammen beurkundet sind, jedoch nicht über den zum Hauptvertrage selbst erforderlichen Stempel hinaus. | 1,50 |

| Tarifstelle | Gegenstand | Prozeßvollm. | sonst |
|---|---|---|---|
| 73. | Vollmachten: | | |
| | bis 500 M einschl. | 0,50 | 0,50 |
| | „ 1 000 „ „ | 1 | 1 |
| | „ 3 000 „ „ | 1,50 | 1,50 |
| | „ 6 000 „ „ | 2 | 3 |
| | „ 10 000 „ „ | 3 | 5 |
| | „ 15 000 „ „ | 4 | 7,50 |
| | mehr als 15 000 M . | 5 | 10 |

| Tarifstelle | Gegenstand | Stempel M |
|---|---|---|
| | Generalvollmachten jedoch bei einem Werte von mehr als 50 000 M | 20 |
| | Steht der Bevollmächtigte in einem Dienstverhältnisse zu dem Vollmachtgeber, höchstens . . . . . . . . | 1,50 |
| | Bei nicht schätzbarem Werte . . . . . | 1,50 |
| 74. | Vorrechtseinräumungen . | 3 |
| 77. | Zeugnisse . . . . . . . . . | 3 |

**TSt. 2. Abtretung von Rechten** . . . . . . . . . 1/20 %

**mindestens 1,50 ℳ; bei nicht schätzbarem Werte 5 ℳ.**

| Wertgegenstand bis einschließlich ℳ | Stempelbetrag ℳ |
|---|---|
| 150 | — |
| 3 000 | 1,50 |
| 4 000 | 2 |
| 5 000 | 2,50 |
| 6 000 | 3 |
| 7 000 | 3,50 |
| 8 000 | 4 |
| 9 000 | 4,50 |
| 10 000 | 5 |
| usw. von weiteren je | |
| 1 000 | 0,50 |
| 2 000 | 1 |
| 3 000 | 1,50 |
| 4 000 | 2 |
| 5 000 | 2,50 |
| 6 000 | 3 |
| 7 000 | 3,50 |
| 8 000 | 4 |
| 9 000 | 4,50 |
| 10 000 | 5 |
| 20 000 | 10 |
| 30 000 | 15 |
| 40 000 | 20 |
| 50 000 | 25 |
| 60 000 | 30 |
| 70 000 | 35 |
| 80 000 | 40 |
| 90 000 | 45 |
| 100 000 | 50 |

Der Stempel beträgt 1/2000 des Wertgegenstandes, also z. B. bei

$$184\,000\ ℳ = \frac{184{,}000}{2} = 92\ ℳ.$$

**TSt. 8. Auflassungen** . . .
**TSt. 32. Kauf- und Tauschverträge** über unbewegliche Sachen, **Zwangsversteigerungen** . . . . . . . . . .
**TSt. 36. Leibrenten- und Rentenverträge** . . . . . .
**TSt. 78. Zuschlagsbescheide**
} 1%.

Eine Tabelle erübrigt sich, da sich der Stempelbetrag durch eine Division durch 100 ergibt. Bei einem Werte von 12 306 ℳ beträgt der Stempel 123,06 = abgerundet: 123,50 ℳ.

**TSt. 21. Erbrezesse** (Erbteilungsverträge)

a) bei einer erbschaftssteuerfreien Erbschaft . 1,50 ℳ

b) bei einer erbschaftssteuerpflichtigen Erbschaft . . . 1/25 % mindestens 1,50 ℳ.

| Also bei einem Wertgegenstande bis einschließlich ℳ | Stempelbetrag ℳ |
|---|---|
| 150 | — |
| 3 750 | 1,50 |
| 5 000 | 2 |
| 6 250 | 2,50 |
| 7 500 | 3 |
| 8 750 | 3,50 |
| 10 000 | 4 |
| usw. von weiteren je | |
| 1 250 | 0,50 |
| 2 500 | 1 |
| 3 750 | 1,50 |
| 5 000 | 2 |
| 6 250 | 2,50 |
| 7 500 | 3 |
| 8 750 | 3,50 |
| 10 000 | 4 |

Noch: TSt. 21. Erbrezesse.

Der Stempel beträgt $^1/_{25}$ % = $^1/_{2500}$ = $^4/_{10000}$ des Wertgegenstandes; also z. B. bei 248 937 *M* : 4 × 24,8937 = 99,5748 = 100 *M*.

**TSt. 23. Familienstiftungen** } 3%.
**TSt. 24. Fideikommißstiftungen** . . . . . . . . . . } 3%.

Einer Tabelle bedarf es bei der Einfachheit der Berechnung nicht. Der Stempel ist = Wertgegenstand × 3 durch 100; also z. B. bei 443 000 *M* = 3 × 4 430,00 = 13 290 *M*.

**TSt. 32. Kauf- und Tauschverträge**

a) über unbewegliche Sachen siehe oben bei TSt. 8;

b) über andere Gegenstände 1/3 %.

| Wertgegenstand bis einschließlich *M* | Stempelbetrag *M* |
|---|---|
| 150 | — |
| 300 | 1 |
| 450 | 1,50 |
| 600 | 2 |
| 750 | 2,50 |
| 900 | 3 |
| 1 050 | 3,50 |
| 1 200 | 4 |
| 1 350 | 4,50 |
| 1 500 | 5 |
| 1 650 | 5,50 |
| 1 800 | 6 |
| 1 950 | 6,50 |
| 2 100 | 7 |
| 2 250 | 7,50 |
| 2 400 | 8 |
| 2 550 | 8,50 |
| 2 700 | 9 |
| 2 850 | 9,50 |
| 3 000 | 10 |

usw.

| Wertgegenstand bis einschließlich *M* | Stempelbetrag *M* |
|---|---|
| von weiteren je | |
| 150 | 0,50 |
| 300 | 1 |
| 3 000 | 10 |
| 6 000 | 20 |
| 9 000 | 30 |
| 12 000 | 40 |
| 15 000 | 50 |
| 18 000 | 60 |
| 21 000 | 70 |
| 24 000 | 80 |
| 27 000 | 90 |
| 30 000 | 100 |

Der Stempel beträgt $^1/_{300}$ des Wertgegenstandes, also z. B. bei

43 895 *M* = $\frac{438,95}{3}$ = 146,31 = 146,50 *M*.

**TSt. 44. Nießbrauchbestellungen** $^3/_{10}$ %,

also bei einem Wertgegenstande von 12 435 *M* = 3 × 12,435 = 37,305 = 37,50 *M*.

**TSt. 58. Schuldverschreibungen** $^1/_{12}$ %.

| Wertgegenstand bis einschließlich *M* | Stempelbetrag *M* |
|---|---|
| 150 | — |
| 600 | 0,50 |
| 1 200 | 1 |
| 1 800 | 1,50 |
| 2 400 | 2 |

Noch: TSt. 58. Schuldverschreibungen.

| Wertgegenstand bis einschließlich ℳ | Stempelbetrag ℳ |
|---|---|
| 3 000 | 2,50 |
| 3 600 | 3 |
| 4 200 | 3,50 |
| 4 800 | 4 |
| 5 400 | 4,50 |
| 6 000 | 5 |
| 6 600 | 5,50 |
| 7 200 | 6 |
| 7 800 | 6,50 |
| 8 400 | 7 |
| 9 000 | 7,50 |
| 9 600 | 8 |
| 10 200 | 8,50 |
| 10 800 | 9 |
| 11 400 | 9,50 |
| 12 000 | 10 |
| usw. | |
| von weiteren je | |
| 600 | 0,50 |
| 6 000 | 5 |
| 12 000 | 10 |
| 18 000 | 15 |
| 24 000 | 20 |

Der Stempel beträgt $^1/_{1200}$ des Wertgegenstandes; also z. B. bei

$$144\,324 \text{ ℳ} = \frac{1\,443{,}24}{12}$$

$\left(= \frac{1\,443{,}24}{2 \times 6} = \frac{721{,}62}{6}\right) = 120{,}27 =$ abgerundet 120,50 ℳ.

---

Der **Reichsstempel bei Grundstücksübertragungen** (Tarifnummer 11 und §§ 78 bis 90 RStG.) beträgt

$^1/_3\,\% + {}^1/_3\,\%$ Zuschlag $= {}^2/_3\,\%$ $(= {}^2/_{300})$. Er berechnet sich z. B. bei einem Wertgegenstande von 42 129 ℳ wie folgt: $\frac{2 \times 42\,129}{300} \left(= \frac{2 \times 421{,}29}{3}\right) = \frac{842{,}58}{3} = 280{,}86 =$ abgerundet 280,90 ℳ (vgl. Allgem. Verf. v. 23. 5. 10, Ziffer 3, JMBl. S. 165).

Mindestbetrag dieses Reichsstempels 0,10 ℳ, Abrundung der Pfennigbeträge auf 10 nach oben; auch bei Wertgegenständen unter 150 ℳ ist der Reichsstempel zu erheben.

## B. Katasterfortschreibungsgebühr.

Allgem. Verf. v. 4. 1. 99 u. v. 16. 1. 09, JMBl. 1899 S. 9 u. 1909 S. 25.

I. Von **Liegenschaften**

a) in der Provinz Westfalen und in der Rheinprovinz:
für jede Parzelle 0,05 *M*;

b) in den übrigen Provinzen (auch für die Stadt Berlin) mit Ausnahme der Hohenzollernschen Lande und der Insel Helgoland bei einem Reinertrage bis

| | | | | |
|---|---|---|---|---|
| 20 | Thlr. | ausschließlich | 0,10 | *M* |
| 40 | " | " | 0,20 | " |
| 60 | " | " | 0,30 | " |
| 80 | " | " | 0,40 | " |
| 100 | " | " | 0,50 | " |
| 200 | " | " | 1 | " |
| 300 | " | " | 1,50 | " |
| 400 | " | " | 2 | " |
| 500 | " | " | 2,50 | " |
| bei 500 | Thlr. | und mehr | 3 | "; |

II. Von **Gebäuden**

für alle Provinzen (auch für die Stadt Berlin) mit Ausnahme der Hohenzollernschen Lande und der Insel Helgoland bei einem Nutzungswerte bis

| | | | | |
|---|---|---|---|---|
| 160 | *M* | ausschließlich | 0,10 | *M* |
| 400 | " | " | 0,20 | " |
| 800 | " | " | 0,30 | " |
| 1 200 | " | " | 0,40 | " |
| bei 1 200 | *M* | und mehr | 0,50 | ". |

Die Reinerträge und die Nutzungswerte sind für jeden einzelnen Erwerber und für jedes Blatt (Artikel) getrennt zusammenzuzählen.

Auf die Fortschreibungsgebühren findet das Pr.GKG. keine Anwendung.

---

Druck von Otto Walter in Berlin S. 14.

Kolibri 360 GmbH
Ferdinand-Jühlke-Straße 7
99095 Erfurt, Deutschland
produktsicherheit@kolibri360.de